精准扶贫的奉节实践

中共奉节县委党校课题组　编著

重庆大学出版社

图书在版编目（CIP）数据

精准扶贫的奉节实践 / 中共奉节县委党校课题组编著.--重庆：重庆大学出版社，2020.8（2020.10重印）
ISBN 978-7-5689-2201-2

Ⅰ.①精… Ⅱ.①中… Ⅲ.①扶贫—研究—奉节县
Ⅳ.①F127.719.4

中国版本图书馆CIP数据核字（2020）第097751号

精准扶贫的奉节实践

JINGZHUN FUPIN DE FENGJIE SHIJIAN

中共奉节县委党校课题组 编著

策划编辑：张 维

责任编辑：杨育彪 版式设计：张 晗

责任校对：张红梅 责任印制：张 策

*

重庆大学出版社出版发行

出版人：饶帮华

社址：重庆市沙坪坝区大学城西路21号

邮编：401331

电话：（023）88617190 88617185（中小学）

传真：（023）88617186 88617166

网址：http://www.cqup.com.cn

邮箱：fxk@cqup.com.cn（营销中心）

全国新华书店经销

重庆荟文印务有限公司印刷

*

开本：720mm×1000mm 1/16 印张：17 字数：220千

2020年8月第1版 2020年10月第3次印刷

ISBN 978-7-5689-2201-2 定价：39.00元

奉节县脱贫摘帽决战大会　方历朝摄

奉节县脱贫攻坚领导小组会议　方历朝摄

奉节县扶贫小额信贷工作北岸片区现场会　段超摄

中国长江三峡集团定点扶贫工作座谈会　刘滨清摄

奉节县委书记杨树海召开群众院坝会　方历朝摄

奉节县委副书记、县长祁美文调研脐橙产业发展　段超摄

奉节县人大常委会主任田承毅召开群众院坝会　县人大常委会办公室供图

奉节县政协主席向益平走访群众　县政协办公室供图

康坪乡大架村驻村工作队长肖恩召开群众家庭会　县扶贫办供图

吐祥镇幼儿园教师家访　县教育委员会供图

健康扶贫家庭医生在乡村小路上开展巡诊工作　县卫生健康委供图

脐橙专家田间指导脐橙管护　王传贵摄

自来水到家门口　何燕摄

整治后的山坪塘与产业园交相辉映　何燕摄

平安乡蔬菜产业大棚　平安乡供图

甲高镇稻谷丰收　刘滨清摄

平安乡危房改造后的居民点　平安乡供图

路修好了，贫困户吴汉成喜笑颜开　石涛摄

永乐镇丰收村集中安置点　周海媚摄

郑运海全家人在老房子前合影　王传贵摄　2015 年 12 月

郑运海全家人在新房子前合影　王传贵摄　2017 年 7 月

兴隆镇友爱村 2 组烟农聂兴海种植白肋烟 20 亩，喜获丰收　王传贵摄

身患二级残疾的郑圣付参加力所能及的劳动——采摘金银花　王传贵摄

美丽乡村　刘滨清摄

脐橙之美　王传贵摄

前言

春秋夔子国，巴国荡江河，蜀主托孤堂，夔军战川东。奉节县古称夔州，今誉诗城，距今有2300多年的建制历史，无数骚人墨客“登三峡之巅，咏绝美风景”，江峡文化、三国文化、诗歌文化在这里交相辉映。奉节县地处长江三峡库区腹心、秦巴山区集中连片贫困地区，面积4098平方千米，辖33个乡镇（街道、管委会）、392个村（社区）。2002年即被确定为国家扶贫开发工作重点县。2014年，新一轮建档立卡识别贫困人口34185户124425人，贫困发生率13.8%，识别贫困村135个，占行政村总数35.9%。

向贫困宣战，既是国家战略，也是实现奉节县发展必须跨越的鸿沟。党的十八大以来，奉节县以习近平总书记关于扶贫工作重要论述为引领，坚持精准扶贫、精准脱贫基本方略，把脱贫攻坚作为头等大事、首要政治任务、重大发展机遇和重要治理平台，以脱贫攻坚统揽经济社会发展大局。围绕脱贫奔小康一个目标，健全指挥、帮扶、责任、监督四个体系，落实到户到人“八个到位”，聚焦精准帮扶、住房安全、饮水安全、人居环境、干部作风、群众认可六个重点深度发力，以“干部共赴一线、机关只留一人”的攻坚状态，以“流血流泪不留憾、任劳任怨不认输”的奋斗精神，共同经历“呼天唤地、顺天应地、战天斗地、改天换地、感天动地、欢天喜地”的攻坚历程，坚决兑现高质量脱贫奔小康的庄严承诺。截至 2019 年末，奉节县 135 个贫困村脱贫全部出列，累计减少贫困人口 34983 户 133653 人，贫困发生率由 2014 年的 13.8% 下降到 0.36%。

在脱贫攻坚工作中，奉节县始终坚持把改革创新贯穿全过程。“八到户八到人”确保帮扶精准；失能人员集中供养释放贫困家庭劳动力；扶贫小额信贷助推农村产业兴旺；集体经济组织注册登记全覆盖走在重庆市前列；争创全国网络扶贫示范县激活新业态。脱贫攻坚战役打响以来，《人民日报》、中央电视台等中央媒体刊播奉节县扶贫新闻 97 篇（条），国务院扶贫开发领导小组办公室刊发奉节扶贫典型案例 9 篇，《中国扶贫》杂志刊发奉节县脱贫攻坚工作经验做法 46 篇。尤其是奉节县干部探索出的干部走访、教师家访、医生巡访、农技随访脱贫攻坚“四访”工作法得到习近平总书记的点赞，“六个环节”工作法、“五个一”行动在全国交流，“八到户八到人”入选全国优秀扶贫案例。

习近平总书记说：“贫困之冰，非一日之寒；破冰之功，非一春之暖。做好扶贫开发工作，尤其要拿出踏石留印、抓铁有痕的劲头，发扬钉钉子精神，锲而不舍、驰而不息抓下去。”巴山蜀水展新颜，千年夔州奔小康。我们及时总结，全面梳理，将近年来奉节县脱贫攻坚工作的做法、经验和思考汇编成《精准扶贫的奉节实践》一书，既为回顾初心，也为巩固借鉴，亦备后续实施乡村振兴战略参考。

《精准扶贫的奉节实践》由中共奉节县委党校课题组编著，全面反映了奉节县委、县政府带领 107 万奉节人民战天斗地摆脱贫困、共赴小康的奋斗历程。全书由中共奉节县委副书记、党校校长钟红兵，常务副校长张和平负责整体设计，特邀重庆市委党校副教授张波协助整体设计和结构统筹，冉运洪、辜同美负责全书统稿。

编写分工：

张波：第一篇第一章—第三章

冉运洪：第一篇第四章、第二篇

辜同美：第三篇第一章、第五篇第一章、第五篇第三章

第五篇第九章

刘圣宇：第三篇第二章—第五章、第四篇

杨璐珲：第五篇第二章、第五篇第四章

黄列常：第五篇第五章、第五篇第六章

左明武：第五篇第七章、第五篇第八章

本书在编写过程中，得到了奉节县委书记杨树海同志和奉节县人民政府县长祁美文同志的大力支持，奉节县委办公室、奉节县人大常委会办公室、奉节县政府办公室、奉节县政协办公室、奉节县委组织部、奉节县委宣传部、奉节县扶贫办、奉节县农业农村委、奉节县卫生健康委、奉节县教委、奉节县商务委、奉节县生态环境局、奉节县民政局、奉节县平安乡等单位提供了大量案例资料，在此一并致谢。由于水平有限，书中存在的不足与疏漏在所难免，敬请读者指正。

中共奉节县委党校课题组

2020 年 3 月

目录

第一篇 责任与担当

第一章　中央部署

一、亲力亲为调研脱贫攻坚　// 5
二、领战督战部署脱贫攻坚　// 9

第二章　重庆行动

第三章　奉节共识

一、思想共识：骨头再硬必须啃下　// 32
二、行动共识：务实扎实真实作为　// 34
三、情感共识：干群同心其利断金　// 35
四、技术共识：问题导向靶向明确　// 36
五、评判共识：群众满意就是标准　// 37
六、迎检共识：不负韶华不辱使命　// 38

第四章　奉节历程

一、2016——补短堵漏年　// 39
二、2017——夯基立柱年　// 43
三、2018——决战冲刺年　// 46
四、2019——巩固提升年　// 49
五、2020——打造样板年　// 53

第二篇　组织与保障

第一章　坚持党的领导

一、坚持抓思想引领，提高政治站位推进脱贫攻坚　// 59
二、坚持抓党委履职，强化政治领导力，推进脱贫攻坚　// 64
三、坚持抓基层党建，巩固战斗堡垒推进脱贫攻坚　// 67

第二章　振兴组织网络

一、打赢脱贫攻坚战，组织领导是保证　// 69
二、打赢脱贫攻坚战，督查考核是保障　// 74

第三章　抓好队伍建设

一、建设一支懂农业、爱农村、爱农民的干部队伍　// 84
二、组建一支生产型、经营型、服务型的农技队伍　// 90
三、培育一支医德高、医术好、能吃苦的医护队伍　// 92
四、打造一支树理想、传知识、拔穷根的教师队伍　// 94

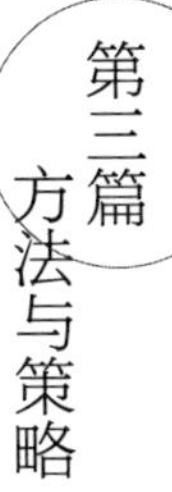

第三篇 方法与策略

第一章　构建“1486”攻坚体系

一、围绕“一个目标”，脱贫摘帽奔小康　// 101
二、健全“四大体系”，尽锐出战齐攻坚　// 102
三、推动“八个到位”，精准帮扶真脱贫　// 103
四、攻克“六项重点”，补齐短板夯基础　// 104

第二章　精准方略

一、以精准识别为前提，把对象找准　// 105
二、以精准帮扶为关键，把政策做实　// 107
三、以精确管理为保证，把管理做细　// 111

第三章　社会动员

一、以东西协作为平台，打造滨奉协作样板　// 115
二、以民企帮村为依托，树立“百企帮百村”品牌　// 119
三、以“互联网 +”为纽带，“四轮驱动”全员参与　// 122

第四章　扶志扶智

一、“一个先进”——树立典型引路　// 125
二、“一次回乡”——“两回两讲两解”　// 127
三、“一片产业”——夯实增收基础　// 128
四、“一项技能”——提升致富本领　// 130
五、“一场洗礼”——净化乡风民俗　// 132

第五章　生态扶贫

一、坚定不移“弃煤启美”，践行“两山论”，走好“两化路”　// 135

二、保护一江碧水、两岸青山，重现“满山红叶、两岸猿声”　// 137

三、关闭物质“矿藏”，开启人文“宝藏”，用优势转换破题“绿色发展”　// 139

四、建设“四美奉节”，推动奉节与诗一起“走向远方”　// 141

第四篇　情怀与坚守

第一章　脚下沾有多少泥土　心中就沉淀多少真情

一本“走访日志”的“发光故事”　// 147

——记奉节县驻公平镇黄泥村驻村工作队队长刘发光

“90后”女村干部身患尿毒症——乐观坚强　笑对人生　// 151

守护　// 153

——记奉节县草堂失能人员供养中心“90后”院长栗春容

一位扶贫校长的最后50天　// 157

——追记奉节县太和土家族乡太和小学校长张涌涛

“三多”队长情系大架山　// 166

——记奉节县康坪乡大架村驻村工作队队长肖恩

第二章　如今党的政策好　我要努力往前跑

自愿申请脱贫背后　// 170

——奉节县朱衣镇仙女村贫困户吴汉成

一颗“红心”一方“能人”　// 174

——贫困户沈道平“翻身记”

最“美”贫困户　// 176

身残志坚　用“跛脚”撑起一个家　// 178

第三章　全面小康　决胜在合力

奉节支医支教群英谱 // 182

王明辉——不忘初心讲奉献　// 182

孟红秀——奉节支医路　最美鲁渝情　// 182

高庆祥——砥砺奋进支教行　初心不变鲁渝情 // 183

韩迎春——千里支教到巴蜀　春风化雨润夔州 // 184

王由才——痴心终不改　深情育人才　// 184

第四章　社会化扶贫的“启动力量”

剑桥女博士回乡开启“山橙时代”　// 185

贫困山区的致富带头人　贫困家庭的脱贫主心骨　// 188

“乡坛子”做出大文章　// 190

第五篇 经验与启示

第一章 “八到户八到人”

一、干部到户，见面到人 // 196

二、宣传到户，引导到人 // 196

三、政策到户，落实到人 // 197

四、问题到户，解决到人 // 198

五、产业到户，收入到人 // 198

六、帮扶到户，志智到人 // 199

七、环境到户，文明到人 // 200

八、效果到户，满意到人 // 200

第二章 创新实践四访工作法

一、干部走访，思想上扶志 // 202

二、教师家访，根子上扶智 // 204

三、医生巡访，健康上扶弱 // 205

四、农技随访，产业上扶技 // 206

第三章 下足“绣花”功夫 做实“五个一”行动

一、吃一顿农家饭，全面解决“两不愁三保障” // 209

二、住一晚农家楼，全面改善农村人居环境 // 209

三、干一天农家活，全面实现产业增收致富 // 210

四、开一场院坝会，全面树立乡村文明新风 // 211

五、办一件贴心事，全面增强获得感、幸福感 // 211

第四章　供养“失能”释放“有能”为贫困家庭劳动力“松绑”

一、失能人员贫困家庭脱贫成“坚中之坚”　// 213
二、“全托管”，供养“失能”释放“有能”　// 214
三、强措施，提升失能人员生活质量　// 215
四、养失能，松绑劳力换取“大发展”　// 216
五、建机制，脱贫攻坚显成效　// 217

第五章　干部当好信贷员　志智双扶贫困户

一、构建三大体系，确保贷得到　// 219
二、优化三大流程，确保放得快　// 221
三、强化三大支撑，确保用得好　// 222
四、创新三大模式，确保能致富　// 223

第六章　电商扶贫让绿水青山变金山银山

一、改变——电商扶贫新动力// 225
二、蝶变——电商扶贫新形象// 226
三、推动——电商扶贫新业态// 227
四、愿景——电商扶贫新引擎// 228

第七章　大力发展村级集体经济　为乡村振兴注入活力

一、坚持实践与探索“并举”，扎实做好三件事情　// 230

二、坚持发展与规范“同步”，重点解决三个问题 // 231
三、坚持改革与创新“齐抓”，初步达到三个效果 // 232

第八章 “党建扶贫”打造扶贫红色引擎

一、“党建 + 人才”聚贤扶贫干部 // 234
二、“党建 + 强基”聚集扶贫服务 // 235
三、“党建 + 产业”聚合扶贫资源 // 235
四、“党建 + 电商”聚焦扶贫创新 // 236
五、“党建 + 执纪”聚力扶贫问责 // 236

第九章 山乡巨变——深度贫困乡平安乡脱贫经验启示

一、坚持高位推动，攻坚力量全汇聚 // 239
二、突出精准指导，基础工作全筑牢 // 241
三、健全利益联结，产业增收全覆盖 // 242
四、严格对标对表，项目建设全推进 // 243
五、深化志智双扶，内生动力全激发 // 244

第一篇

责任与担当

反贫困是古今中外治国理政的一件大事。消除贫困、改善民生、逐步实现共同富裕，是社会主义的本质要求，是中国共产党人的伟大使命。中国共产党和中国政府历来高度重视扶贫工作，改革开放40多年特别是党的十八大以来，中国共产党带领全国人民矢志不渝、接力奋斗，走出了一条中国特色扶贫开发道路，取得了举世瞩目的扶贫成就，创造了人类减贫史上的中国奇迹，加速了世界减贫进程。这既是中华民族进步的重要标志，也是对人类发展进步作出的卓越贡献。

第一章　中央部署

习近平总书记始终心系贫困地区的发展、牵挂贫困地区和贫困群众，对脱贫攻坚工作亲自部署、亲自挂帅、亲自出征、亲自督战，作出一系列新决策、新部署，提出一系列新思想、新观点，为打赢脱贫攻坚战提供了根本遵循、精神动力和行动指南。2012 年 11 月 15 日，在党的第十八届中央委员会第一次全体会议上当选的中共中央总书记习近平和中共中央政治局常委李克强、张德江、俞正声、刘云山、王岐山、张高丽在北京人民大会堂同采访十八大的中外记者亲切见面。习近平总书记向全世界庄严宣告，“我们的人民是伟大的人民。在漫长的历史进程中，中国人民依靠自己的勤劳、勇敢、智慧，开创了各民族和睦共处的美好家园，培育了历久弥新的优秀文化。我们的人民热爱生活，期盼有更好的教育、更稳定的工作、更满意的收入、更可靠的社会保障、更高水平的医疗卫生服务、更舒适的居住条件、更优美的环境，期盼孩子们能成长得更好、工作得更好、生活得更好。人民对美好生活的向往，就是我们的奋斗目标。人世间的一切幸福都需要靠辛勤的劳动来创造。我们的责任，就是要团结带领全党全国各族人民，继续解放思想，坚持改革开放，不断解放和发展社会生产力，努力解决群众的生产生活困难，坚定不移走共同富裕的道路。”习近平总书记在2017年新年贺词中再次强调：“小康路上一个都不能掉队！一年来，又有1000多万贫困人口实现了脱贫，奋战在脱贫攻坚一线的同志们辛苦了，我向同志们致敬。新年之际，我最牵挂的还是困难群众，他们吃得怎么样、住得怎么样，能不能过好新年、过好春节。我也了解，部分群众在就业、子女教育、就医、住房等方面还面临一些困难，不断解决好这些问题是党和政府义不容辞的责任。全党全社会要继续关心和帮助贫困人口和有困难的群众，让改革发展成果惠及更多群众，让人民生活更加幸福美满。”这充分体现了发展为了人民的马克思主义政治经济学的根本立场。习近平总书记在主持十八届中央政治局第二十八次集体学习时，鲜明地强调：“马克思、恩格斯指出，‘无产阶级的运动是绝大多数人的、为绝大多数人谋利益的独立的运动’，在未来社会‘生产将以所有的人富裕为目的’。邓小平同志指出，社会主义的本质，是解放生产力，发展生产力，消灭剥削，消除两极分化，最终达到共同富裕。党的十八届五中全会鲜明提出要坚持以人民为中心的发展思想，把增进人民福祉、促进人的全面发展、朝着共同富裕方向稳步前进作为经济发展的出发点和落脚点。这一点，我们任何时候都不能忘记，部署经济工作、制定经济政策、推动经济发展都要牢牢坚持这个根本立场。”党的十八大以来，以习近平同志为核心的党中央高度重视脱贫攻坚工作，对脱贫攻坚作出超强部署，举全党全社会之力，深入推进脱贫攻坚，取得了重大决定性成就。这个重大决定性成就可以从以下几个方面的数据来体现。党的十八大以来，贫困人口由9899万人减少到600多万人，连续7年每年减贫规模都在1000万人以上，相当于欧洲一个中等国家人口的规模，脱贫攻坚力度之大、规模之广、成效之显著，前所未有、世所罕见。成绩的取得都不轻松，每一个脱贫故事的背后，都倾注着以习近平同志为核心的党中央的顶层谋划、善作善成，都凝结着亿万人民团结一心、艰苦奋斗。

党的十八届五中全会审议通过的《中共中央关于制定国民经济和社会发展第十三个五年规划的建议》，标明了全面建成小康社会的战略定位，到2020年全面建成小康社会，实现第一个百年奋斗目标，是我们党向人民、历史作出的庄严承诺。同时，本次会议明确到2020年我国现行标准下农村贫困人口实现脱贫，贫困县全部摘帽，解决整体贫困。这次五中全会把扶贫攻坚改成了脱贫攻坚，就是说到2020年这一时间节点，我们一定要兑现脱贫承诺。至此，脱贫攻坚成为全面建成小康社会的底线任务和标志性指标，纳入“五位一体”总体布局和“四个全面”战略布局，以前所未有的力度推进。

一、亲力亲为调研脱贫攻坚

到2020年，让贫困人口和贫困地区同全国人民一道进入全面小康社会，是习近平总书记当前最关心的事情。十八大以来，访真贫、扶真贫、真扶贫成为习近平历次考察调研的一个鲜明特征。习近平多次表示，要了解中国最贫困地方和群众的真实情况。习近平总书记在贫困地区的考察调研传递着党中央如期完成脱贫攻坚任务的决心和信心，并实时同步部署脱贫攻坚的进程。

2012年12月29日，刚刚就任总书记一个多月，习近平便来到河北阜平，专程看望老区困难群众。临行前他明确表示：“不管路多远、条件多艰苦，都要服从于此行的目的。”在考察中，习近平总书记指出：“全面建成小康社会，最艰巨最繁重的任务在农村、特别是在贫困地区。没有农村的小康，特别是没有贫困地区的小康，就没有全面建成小康社会。”“由于我国还处在社会主义初级阶段，还有为数不少的困难群众。中央对扶贫开发工作高度重视。各级党委和政府要增强做好扶贫开发工作的责任感和使命感，做到有计划、有资金、有目标、有措施、有检查，大家一起来努力，让乡亲们都能快点脱贫致富奔小康。”

2013年2月2日，习近平来到甘肃定西、临夏等地。定西以及甘肃的河西、宁夏的西海固，被称作“三西”，古来就有“瘠苦甲于天下”之称。1997年，习近平曾到过“三西”之一的西海固。他强调，“党和政府高度重视扶贫开发工作，特别是高度重视少数民族和民族地区的发展，一定会给乡亲们更多支持和帮助，乡亲们要发扬自强自立精神，找准发展路子、苦干实干，早日改变贫困面貌。”

2013年11月3日，习近平总书记在湖南湘西花垣县十八洞村与村干部、村民座谈时指出，要精准扶贫，切忌喊口号，也不要定好高骛远的目标。三件事要做实：一是发展生产要实事求是，二是要有基本公共保障，三是下一代要接受教育。这是习近平总书记首次提出了“精准扶贫”，强调扶贫要实事求是，因地制宜。此后，他在山区、革命老区、少数民族地区等贫困人口集中的地区调研考察时，经常会提到“精准扶贫”。

2014年1月26日，习近平总书记在内蒙古兴安盟阿尔山市伊尔施镇的困难林业职工郭永财家中访贫问苦。习近平总书记指出，“我们党员干部都要有这样一个意识：只要还有一家一户乃至一个人没有解决基本生活问题，我们就不能安之若素；只要群众对幸福生活的憧憬还没有变成现实，我们就要毫不懈怠团结带领群众一起奋斗。”

2015年6月16日，习近平总书记来到贵州省遵义县枫香镇花茂村同村民座谈。他在贵州调研期间主持召开的部分省区市党委主要负责同志座谈会上指出，要坚持专项扶贫、行业扶贫、社会扶贫等多方力量、多种举措有机结合和互为支撑的“三位一体”大扶贫格局，在此次调研期间，正式提出了“六个精准”脱贫攻坚的具体举措。“六个精准”是精准扶贫精准脱贫的核心要求，具体为：扶持对象精准、项目安排精准、资金使用精准、措施到户精准、因村派人精准、脱贫成效精准。“六个精准”的总体要求就是要坚持因人因地施策，因贫困原因施策，因贫困类型施策，区别不同情况，做到对症下药、精准滴灌、靶向治疗，不搞大水漫灌、走马观花、大而化之。

2016年2月2日，习近平总书记在井冈山市茅坪乡神山村同村民一起打糍粑。他指出，扶贫、脱贫的措施和工作一定要精准，要因户施策、因人施策，扶到点上、扶到根上，不能大而化之。

2016年4月24日，习近平总书记来到安徽省金寨县花石乡大湾村走访村民。从北京坐了1个半小时飞机到合肥，又坐了1个半小时汽车到金寨，再用1个多小时进山来到这里，他就是要了解农村脱贫特别是革命老区扶贫的真实情况。习近平总书记在座谈中指出，脱贫攻坚已进入啃硬骨头、攻坚拔寨的冲刺阶段，必须横下一条心来抓。要强化目标责任，坚持精准扶贫，认真落实每一个项目、每一项措施，全力做好脱贫攻坚工作，以行动兑现对人民的承诺。

2016年7月19日，习近平总书记在银川市永宁县闽宁镇原隆移民村看望回族移民群众海国宝。在宁夏考察期间，习近平总书记专门主持召开东西部扶贫协作座谈会。他强调，东西部扶贫协作和对口支援，是推动区域协调发展、协同发展、共同发展的大战略，是加强区域合作、优化产业布局、拓展对内对外开放新空间的大布局，是实现先富帮后富、最终实现共同富裕目标的大举措。

2017年1月24日，习近平总书记在河北张家口市考察脱贫攻坚工作，在张北县踏着皑皑白雪进入小二台镇德胜村，和困难群众炸年糕、聊家常。他强调，做好脱贫攻坚工作，不能眉毛胡子一把抓，而要下好“精准”

这盘棋，做到扶贫对象精准、扶贫产业精准、扶贫方式精准、扶贫成效精准。

2017年6月21日，习近平总书记来到山西忻州市岢岚县赵家洼村考察。他指出，让贫困人口和贫困地区同全国人民一道进入全面小康社会，是我们党的庄严承诺，不管任务多么艰巨、还有多少硬骨头要啃，这个承诺都要兑现。他希望各级扶贫工作队员扑下身子扎实工作，在为贫困群众排忧解难中实现价值、增长才干。

2018年2月11日，习近平总书记驱车2个多小时，从西昌市来到位于大凉山深处的昭觉县三岔河乡三河村、解放乡火普村，走进彝族贫困群众家中，看实情、问冷暖、听心声，同当地干部群众共商精准脱贫之策。他强调，打赢脱贫攻坚战，特别要建强基层党支部。村第一书记和驻村工作队，要真抓实干、坚持不懈，真正把让人民群众过上好日子作为自己的奋斗目标。

2019年4月15日，习近平总书记在中共中央政治局委员、重庆市委书记陈敏尔和市长唐良智陪同下，深入石柱土家族自治县的学校、农村，实地了解脱贫攻坚工作情况。习近平总书记指出，基本医保、大病保险、医疗救助是防止老百姓因病返贫的重要保障。这个兜底作用很关键。脱贫攻坚明年就要收官，要把工作往深里做、往实里做，重点做好那些尚未脱贫或因病因伤返贫群众的工作，加快完善低保、医保、医疗救助等相关扶持和保障措施，用制度体系保障贫困群众真脱贫、稳脱贫。习近平总书记同村民代表、基层干部、扶贫干部、乡村医生等围坐在一起，摆政策，聊变化，谋发展。习近平总书记对乡亲们说："脱贫攻坚是我心里最牵挂的一件大事。这次我专程来看望乡亲们，就是想实地了解'两不愁三保障'是不是真落地，还有哪些问题。"习近平总书记还说，小康不小康，关键看老乡，关键看脱贫攻坚工作做得怎么样。全面小康路上一个也不能少。发展才是社会主义，发展必须致力于共同富裕。国家越发展，越要把贫困群众基本生活保障好。各级党委和政府要把“两不愁三保障”各项措施落实到村、到户、到人。要加强乡村两级基层党组织建设，更好发挥在脱贫攻坚中的战斗堡垒作用，提高党在基层的治理能力和服务群众能力。党员干部要到脱贫攻坚的一线、到带领群众脱贫致富的火热实践中历练，经受考验，磨炼党性，增进群众感情，增强做好工作的本领。习近平总书记强调，幸福是奋斗出来的。党的政策对老百姓好，才是真正的好。党的各项惠民政策要落实好，乡亲们要一起奋斗，努力向前奔跑，争取早日脱贫致富奔小康。

二、领战督战部署脱贫攻坚

2015 年 11 月 27 日至 28 日，中央扶贫开发工作会议在北京召开。习近平总书记强调，脱贫攻坚已经到了啃硬骨头、攻坚拔寨的冲刺阶段，必须以更大的决心、更明确的思路、更精准的举措、超常规的力度，众志成城实现脱贫攻坚目标，决不能落下一个贫困地区、一个贫困群众。在这次会上，他吹响了脱贫攻坚的冲锋号，中西部 22 个省区市的党政主要负责同志向中央签署脱贫攻坚责任书。

习近平总书记在会上发出的号召铿锵有力：“我们要立下愚公移山志，咬定目标、苦干实干，坚决打赢脱贫攻坚战，确保到 2020 年所有贫困地区和贫困人口一道迈入全面小康社会。”脱贫攻坚战的冲锋号已经吹响，艰巨而光荣的历史使命等待我们去完成。

近 5 年来，习近平总书记就某一话题每年至少主持召开一次座谈会——这样的高规格，目前为止只有“扶贫”这个话题独享。这正应了总书记之前说的，“贫困之冰，非一日之寒；破冰之功，非一春之暖。做好扶贫开发工作，尤其要拿出踏石留印、抓铁有痕的劲头，发扬钉钉子精神，锲而不舍、驰而不息抓下去。”5年来，习近平总书记针对脱贫攻坚工作召开七场座谈会。在这七场座谈会上，他分别就陕甘宁革命老区脱贫致富、集中连片特困地区扶贫攻坚、东西部扶贫协作、深度贫困地区脱贫攻坚、打好精准脱贫攻坚战、解决“两不愁三保障”突出问题等发表重要讲话。

2015年2月13日下午，习近平总书记主持召开陕甘宁革命老区脱贫致富座谈会，同来自陕西、甘肃、宁夏的24位市县委书记一起，共商革命老区脱贫致富奔小康的大计。习近平总书记强调，幸福美好生活不是从天上掉下来的，而是要靠艰苦奋斗来创造。各级党委和政府要增强使命感和责任感，把老区发展和老区人民生活改善时刻放在心上、抓在手上，真抓实干，贯彻精准扶贫要求，做到目标明确、任务明确、责任明确、举措明确，把钱真正用到刀刃上，真正发挥拔穷根的作用。习近平总书记为此提出5点要求。一是加大投入支持力度，采取更加倾斜的政策，加大对老区发展的支持，增加扶贫开发的财政资金投入和项目布局，鼓励引导社会资金投向老区建设，形成支持老区发展的强大社会合力。二是加快社会事业发展，重点是发展教育、医疗卫生、公共文化、社会保障等事业，实现基本公共服务对老区城乡居民全覆盖，深入推进老区新农村建设，加强农村环境卫生和住房建设。三是加大产业培育扶持力度，国家大型项目、重点工程、新兴产业，在符合条件前提下，要优先向老区安排；发达地区劳动密集型产业转移，要优先向老区引导；国家建设用地指标，要优先满足老区小城镇产业聚集区建设用地需要。四是积极落实改革举措，认真贯彻中央改革决策部署，针对制约本地经济社会发展的突出矛盾和问题，自觉向改革找突破、要效益，不断解放和发展社会生产力，不断促进社会公平正义。五是夯实管党治党基础，特别是要有一个覆盖全面、功能健全的基层党组织体系，有一支素质较好、作用突出的党员、干部队伍，有一套便利管用、约束力强的制度机制，有一个正气弘扬、歪风邪气没有市场的政治生态。要选好配强农村基层党组织领导班子，团结带领农民群众脱贫致富奔小康。

2015 年 6 月 18 日，习近平总书记在贵州调研期间专门主持召开涉及武陵山、乌蒙山、滇桂黔集中连片特困地区扶贫攻坚座谈会。习近平总书记强调，消除贫困、改善民生、实现共同富裕，是社会主义的本质要求，是我们党的重要使命。改革开放以来，经过全国范围有计划有组织的大规模开发式扶贫，我国贫困人口大量减少，贫困地区面貌显著变化，但扶贫开发工作依然面临十分艰巨而繁重的任务，已进入啃硬骨头、攻坚拔寨的冲刺期。形势逼人，形势不等人。各级党委和政府必须增强紧迫感和主动性，在扶贫攻坚上进一步理清思路、强化责任，采取力度更大、针对性更强、作用更直接、效果更可持续的措施，特别要在精准扶贫、精准脱贫上下更大功夫。习近平就加大力度推进扶贫开发工作提出“4 个切实”的具体要求。第一，切实落实领导责任。坚持党的领导，发挥社会主义制度可以集中力量办大事的优势，这是我们的最大政治优势。要强化扶贫开发工作领导责任制，把中央统筹、省负总责、市（地）县抓落实的管理体制，片为重点、工作到村、扶贫到户的工作机制，党政一把手负总责的扶贫开发工作责任制，真正落到实处。中央要做好政策制定、项目规划、资金筹备、考核评价、总体运筹等工作，省级要做好目标确定、项目下达、资金投放、组织动员、检查指导等工作，市（地）县要做好进度安排、项目落地、资金使用、人力调配、推进实施等工作。党政一把手要当好扶贫开发工作第一责任人，深入贫困乡村调查研究，亲自部署和协调任务落实。第二，切实做到精准扶贫。扶贫开发贵在精准，重在精准，成败之举在于精准。各地都要在扶持对象精准、项目安排精准、资金使用精准、措施到户精准、因村派人（第一书记）精准、脱贫成效精准上想办法、出实招、见真效。

要坚持因人因地施策，因贫困原因施策，因贫困类型施策，区别不同情况，做到对症下药、精准滴灌、靶向治疗，不搞大水漫灌、走马观花、大而化之。要因地制宜研究实施“四个一批”的扶贫攻坚行动计划，即通过扶持生产和就业发展一批，通过移民搬迁安置一批，通过低保政策兜底一批，通过医疗救助扶持一批，实现贫困人口精准脱贫。第三，切实强化社会合力。扶贫开发是全党全社会的共同责任，要动员和凝聚全社会力量广泛参与。要坚持专项扶贫、行业扶贫、社会扶贫等多方力量、多种举措有机结合和互为支撑的“三位一体”大扶贫格局，健全东西部协作、党政机关定点扶贫机制，广泛调动社会各界参与扶贫开发积极性。要加大中央和省级财政扶贫投入，坚持政府投入在扶贫开发中的主体和主导作用，增加金融资金对扶贫开发的投放，吸引社会资金参与扶贫开发。要积极开辟扶贫开发新的资金渠道，多渠道增加扶贫开发资金。第四，切实加强基层组织。做好扶贫开发工作，基层是基础。要把扶贫开发同基层组织建设有机结合起来，抓好以村党组织为核心的村级组织配套建设，鼓励和选派思想好、作风正、能力强、愿意为群众服务的优秀年轻干部、退伍军人、高校毕业生到贫困村工作，真正把基层党组织建设成带领群众脱贫致富的坚强战斗堡垒。选派扶贫工作队是加强基层扶贫工作的有效组织措施，要做到每个贫困村都有驻村工作队、每个贫困户都有帮扶责任人。工作队和驻村干部要一心扑在扶贫开发工作上，有效发挥作用。

2016 年 7 月 20 日，习近平总书记在银川主持召开东西部扶贫协作座谈会并发表重要讲话。他强调，东西部扶贫协作和对口支援，是推动区域协调发展、协同发展、共同发展的大战略，是加强区域合作、优化产业布局、拓展对内对外开放新空间的大布局，是实现先富帮后富、最终实现共同富裕目标的大举措，必须认清形势、聚焦精准、深化帮扶、确保实效，切实提高工作水平，全面打赢脱贫攻坚战。习近平总书记指出，扶贫开发到了攻克最后堡垒的阶段，所面对的多数是贫中之贫、困中之困，需要以更大的决心、更明确的思路、更精准的举措抓工作。要坚持时间服从质量，科学确定脱贫时间，不搞层层加码。要真扶贫、扶真贫、真脱贫。习近平总书记指出，脱贫攻坚是干出来的，靠的是广大干部群众齐心干。贫困地区要激发走出贫困的志向和内生动力，以更加振奋的精神状态、更加扎实的工作作风，自力更生、艰苦奋斗，凝聚起打赢脱贫攻坚战的强大力量。要组织和动员有志于为党和人民建功立业、做一番作为的干部到西部地区来，努力在艰苦条件下、在攻坚克难中使自己成长为可以担当重任、能打硬仗的高素质干部。

2017 年 6 月 23 日，习近平总书记在山西太原市主持召开深度贫困地区脱贫攻坚座谈会并发表重要讲话，他指出，我们务必深刻认识深度贫困地区如期完成脱贫攻坚任务的艰巨性、重要性、紧迫性，采取更加集中的支持、更加有效的举措、更加有力的工作，扎实推进深度贫困地区脱贫攻坚。习近平总书记还指出，加快推进深度贫困地区脱贫攻坚，要按照党中央统一部署，坚持精准扶贫精准脱贫基本方略，坚持中央统筹、省负总责、市县抓落实的管理体制，坚持党政一把手负总责的工作责任制，坚持专项扶贫、行业扶贫、社会扶贫等多方力量、多种举措有机结合和互为支撑的“三位一体”大扶贫格局，以解决突出制约问题为重点，以重大扶贫工程和到村到户帮扶措施为抓手，以补短板为突破口，强化支撑保障体系，加大政策倾斜力度，集中力量攻关，万众一心克难，确保深度贫困地区和贫困群众同全国人民一道进入全面小康社会。习近平总书记在深度贫困地区脱贫攻坚座谈会上的重要讲话，为新形势下统筹做好脱贫攻坚和破解深度贫困问题指明了前进方向。

2018 年 2 月 12 日，习近平总书记在四川成都市主持召开打好精准脱贫攻坚战座谈会，听取脱贫攻坚进展情况汇报，集中研究打好今后 3 年脱贫攻坚战之策。习近平总书记强调，我们加强党对脱贫攻坚工作的全面领导，建立各负其责、各司其职的责任体系，精准识别、精准脱贫的工作体系，上下联动、统一协调的政策体系，保障资金、强化人力的投入体系，因地制宜、因村因户因人施策的帮扶体系，广泛参与、合力攻坚的社会动员体系，多渠道全方位的监督体系和最严格的考核评估体系，形成了中国特色脱贫攻坚制度体系，为脱贫攻坚提供了有力制度保障，为全球减贫事业贡献了中国智慧、中国方案。习近平总书记指出，在脱贫攻坚伟大实践中，我们积累了许多宝贵经验。一是坚持党的领导、强化组织保证，落实脱贫攻坚一把手负责制，省市县乡村五级书记一起抓，为脱贫攻坚提供坚强政治保证。二是坚持精准方略、提高脱贫实效，解决好扶持谁、谁来扶、怎么扶、如何退问题，扶贫扶到点上扶到根上。三是坚持加大投入、强化资金支持，发挥政府投入主体和主导作用，吸引社会资金广泛参与脱贫攻坚。四是坚持社会动员、凝聚各方力量，充分发挥政府和社会两方面力量作用，形成全社会广泛参与脱贫攻坚格局。五是坚持从严要求、促进真抓实干，把全面从严治党要求贯穿脱贫攻坚工作全过程和各环节，确保帮扶工作扎实、脱贫结果真实，使脱贫攻坚成效经得起实践和历史检验。六是坚持群众主体、激发内生动力，充分调动贫困群众积极性、主动性、创造性，用人民群众的内生动力支撑脱贫攻坚。这些经验弥足珍贵，要长期坚持并不断完善和发展。

2019 年 4 月 15 日至 17 日，习近平总书记在重庆考察，主持召开解决“两不愁三保障”突出问题座谈会并发表重要讲话。他强调，脱贫攻坚战进入决胜的关键阶段，各地区各部门务必高度重视，统一思想，抓好落实，一鼓作气，顽强作战，越战越勇，着力解决“两不愁三保障”突出问题，扎实做好今明两年脱贫攻坚工作，为如期全面打赢脱贫攻坚战、如期全面建成小康社会作出新的更大贡献。他强调，到 2020 年稳定实现农村贫困人口不愁吃、不愁穿，义务教育、基本医疗、住房安全有保障，是贫困人口脱贫的基本要求和核心指标，直接关系到攻坚战质量。总的看，“两不愁”基本解决了，“三保障”还存在不少薄弱环节。各地区各部门要高度重视，统一思想，抓好落实。要摸清底数，聚焦突出问题，明确时间表、路线图，加大工作力度，拿出过硬举措和办法，确保如期完成任务。习近平总书记强调，脱贫攻坚战进入决胜的关键阶段，务必一鼓作气、顽强作战，不获全胜决不收兵。各省区市党政主要负责同志要增强“四个意识”、坚定“四个自信”、做到“两个维护”，强化政治责任，亲力亲为抓好脱贫攻坚。省级分管扶贫的负责同志要抓好工作落实。各行业部门要围绕脱贫攻坚目标任务，按照尽锐出战要求，切实履职尽责、合力攻坚，对责任不落实、政策不落实、工作不落实影响任务完成的要进行问责。党中央制定了支持深度贫困地区脱贫攻坚的实施意见，各方面都加大了力度，不能放松。要逐一研究细化实化攻坚举措，攻城拔寨，确保完成脱贫任务。这次脱贫攻坚专项巡视和成效考核发现了不少突出问题和共性问题。各地区各部门要全面排查梳理，确保各类问题整改到位，为明年工作打下良好基础。习近平总书记指出，脱贫既要看数量，更要看质量。要严把贫困退出关，严格执行退出的标准和程序，确保脱真贫、真脱贫。要把防止返贫摆在重要位置，适时组织对脱贫人口开展“回头看”。要探索建立稳定脱贫长效机制，强化产业扶贫，组织消费扶贫，加大培训力度，促进转移就业，让贫困群众有稳定的工作岗位。要做好易地扶贫搬迁后续帮扶。要加强扶贫同扶志扶智相结合，让脱贫具有可持续的内生动力。习近平总书记强调，贫困县摘帽后，要继续完成剩余贫困人口脱贫任务，实现已脱贫人口的稳定脱贫。贫困县党政正职要保持稳定，做到摘帽不摘责任。脱贫攻坚主要政策要继续执行，做到摘帽不摘政策。扶贫工作队不能撤，做到摘帽不摘帮扶。要把防止返贫放在重要位置，做到摘帽不摘监管。要保持政策稳定性、连续性。习近平总书记指出，要把全面从严治党要求贯穿脱贫攻坚全过程，强化作风建设，完善和落实抓党建促脱贫的体制机制，发挥基层党组织带领群众脱贫致富的战斗堡垒作用，深化扶贫领域腐败和作风问题专项治理，把基层减负各项决策落到实处。对奋战在脱贫攻坚一线的同志，要关心他们的生活、健康、安全，对牺牲干部的家属要及时给予抚恤、长期帮扶慰问。对在基层一线干出成绩、群众欢迎的干部，要注意培养使用。对那些畏苦畏难、敷衍了事、弄虚作假的扶贫干部，要加强教育管理，该撤换的要及时撤换，该问责的要坚决问责。

2020 年 3 月 6 日，决战决胜脱贫攻坚座谈会在北京召开。这是党的十八大以来脱贫攻坚方面最大规模的会议，目的就是动员全党全国全社会力量，以更大决心、更强力度推进脱贫攻坚，确保取得最后胜利。2020 年是脱贫攻坚战最后一年，收官之年又遭遇新冠肺炎疫情影响，各项工作任务更重、要求更高。习近平总书记强调，必须清醒看到，脱贫攻坚战是一场硬仗，不是轻轻松松一冲锋就能打赢的，剩余脱贫攻坚任务艰巨，新冠肺炎疫情带来新的挑战，巩固脱贫成果难度很大，部分贫困群众发展的内生动力不足，尤其还要防止工作松劲懈怠、精力转移。脱贫攻坚工作艰苦卓绝，各省区市都层层签了军令状，承诺了就要兑现，没有任何退路和弹性，越到最后越要紧绷这根弦，不能停顿、不能大意、不能放松。各地区各部门要坚定不移把党中央决策部署落实好，确保如期完成脱贫攻坚目标任务。

习近平总书记指出，要攻坚克难完成任务。继续聚焦“三区三州”等深度贫困地区，落实脱贫攻坚方案，瞄准突出问题和薄弱环节狠抓政策落实。确保剩余建档立卡贫困人口如期脱贫，对 52 个未摘帽贫困县和 1113 个贫困村实施挂牌督战，国务院扶贫开发领导小组要较真碰硬“督”，各省区市要凝心聚力“战”，啃下最后的硬骨头。要巩固“两不愁三保障”

成果，防止反弹。对没有劳动能力的特殊贫困人口要强化社会保障兜底，实现应保尽保。

习近平总书记强调，要努力克服疫情影响。落实分区分级精准防控策略。疫情严重的地区，在重点搞好疫情防控的同时，可以创新工作方式，统筹推进疫情防控和脱贫攻坚。没有疫情或疫情较轻的地区，要集中精力加快推进脱贫攻坚。要优先支持贫困劳动力务工就业，在企业复工复产、重大项目开工、物流体系建设等方面优先组织和使用贫困劳动力，鼓励企业更多招用贫困地区特别是建档立卡贫困家庭人员，通过东西部扶贫协作“点对点”帮助贫困劳动力尽快有序返岗。要分类施策，对没有疫情的地区要加大务工人员送接工作力度。要切实解决扶贫农畜牧产品滞销问题，组织好产销对接，开展消费扶贫行动，利用互联网拓宽销售渠道，多渠道解决农产品难卖问题。要支持扶贫产业恢复生产，做好农资供应等春耕备耕工作，用好产业帮扶资金和扶贫小额信贷政策，促进扶贫产业持续发展。要加快扶贫项目开工复工，易地搬迁配套设施建设、住房和饮水安全扫尾工程任务 2020 年上半年都要完成。要做好对因疫致贫返贫人口的帮扶，密切跟踪受疫情影响的贫困人口情况，及时落实好兜底保障等帮扶措施，确保他们基本生活不受影响。

习近平总书记强调，要多措并举巩固成果。国务院扶贫开发领导小组 2019 年年底组织各地对已脱贫的 9300 多万人口开展了全面排查，查找了漏洞缺项，要一项一项整改到位。对存在返贫风险的近 200 万和存在致贫风险的近 300 万人群实施针对性预防措施，及时将返贫和致贫人口纳入帮扶。要加大就业扶贫力度，加强劳务输出地和输入地精准对接，稳岗拓岗，支持扶贫龙头企业、扶贫车间尽快复工，提升带贫能力，利用公益岗位提供更多就近就地就业机会。要加大产业扶贫力度，种养业发展有自己的规律，周期较长，要注重长期培育和支持。这几年，扶贫小额信贷对支持贫困群众发展生产发挥了重要作用，要继续坚持。要加大易地扶贫搬迁后续扶持力度。全国易地扶贫搬迁 960 多万贫困人口，中西部地区还同步搬迁 500 万非贫困人口，相当于一个中等国家的人口规模。现在搬得出的问题基本解决了，下一步的重点是稳得住、有就业、逐步能致富。

习近平总书记强调，保持脱贫攻坚政策稳定。对退出的贫困县、贫困村、贫困人口，要保持现有帮扶政策总体稳定，扶上马送一程。可以考虑设过渡期，过渡期内，要严格落实摘帽不摘责任、摘帽不摘政策、摘帽不摘帮扶、摘帽不摘监管的要求，主要政策措施不能急刹车，驻村工作队不能撤。要加快建立防止返贫监测和帮扶机制，对脱贫不稳定户、边缘易致贫户以及因疫情或其他原因收入骤减或支出骤增户加强监测，提前采取针对性的帮扶措施，不能等他们返贫了再补救。

习近平总书记强调，严格考核开展普查。要严把退出关，坚决杜绝数字脱贫、虚假脱贫。国务院扶贫开发领导小组要开展督查巡查，加强常态化督促指导，2020 年中央将继续开展脱贫攻坚成效考核。从 2020 年下半年开始，国家要组织开展脱贫攻坚普查，对各地脱贫攻坚成效进行全面检验。这是一件大事。要为党中央适时宣布打赢脱贫攻坚战、全面建成小康社会提供数据支撑，确保经得起历史和人民检验。

习近平总书记指出，接续推进全面脱贫与乡村振兴有效衔接。脱贫摘帽不是终点，而是新生活、新奋斗的起点。要针对主要矛盾的变化，理清工作思路，推动减贫战略和工作体系平稳转型，统筹纳入乡村振兴战略，建立长短结合、标本兼治的体制机制。这项工作，中央有关部门正在研究。总的要有利于激发欠发达地区和农村低收入人口发展的内生动力，有利于实施精准帮扶，促进逐步实现共同富裕。有条件的地方，也可以结合实际先做起来，为面上积累经验。

习近平总书记指出，加强党对打赢脱贫攻坚战的领导。“其作始也简，其将毕也必巨。”脱贫攻坚越到最后越要加强和改善党的领导。各级党委（党组）一定要履职尽责、不辱使命。到2020年现行标准下的农村贫困人口全部脱贫，是党中央向全国人民作出的郑重承诺，必须如期实现，没有任何退路和弹性。这是一场硬仗，越到最后越要紧绷这根弦，不能停顿、不能大意、不能放松。各省区市都层层签了军令状，承诺了就要兑现。时间一晃就过去了，上上下下必须把工作抓紧。中央财政要继续增加专项扶贫资金规模，各级财政也要保证脱贫攻坚的资金需求。要加大财政涉农资金整合力度，加强扶贫资金监管，提高资金使用效率和效益，用好扶贫的土地和金融政策。对已经实现稳定脱贫的地方，各地可以统筹安排专项扶贫资金，支持非贫困县、非贫困村的贫困人口脱贫。习近平总书记强调，要深化东西部扶贫协作和中央单位定点扶贫。当前，最突出的任务是帮助中西部地区降低疫情对脱贫攻坚的影响，在劳务协作上帮、在消费扶贫上帮。长远看，东西部扶贫协作要立足国家区域发展总体战略，深化区域合作，推进东部产业向西部梯度转移，实现产业互补、人员互动、技术互学、观念互通、作风互鉴，共同发展。习近平总书记强调，脱贫攻坚任务能否高质量完成，关键在人，关键在干部队伍作风。要加强扶贫领域作风建设，坚决反对形式主义、官僚主义，减轻基层负担，做好工作、生活、安全等各方面保障，让基层扶贫干部心无旁骛投入到疫情防控和脱贫攻坚工作中去。要加强脱贫攻坚干部培训，确保新选派的驻村干部和新上任的乡村干部全部轮训一遍，增强精准扶贫、精准脱贫能力。习近平总书记指出，脱贫攻坚不仅要做得好，而且要讲得好。要重点宣传党中央关于脱贫攻坚的决策部署，宣传各地区各部门统筹推进疫情防控和脱贫攻坚工作的新举措及好办法，宣传基层扶贫干部的典型事迹和贫困地区人民群众艰苦奋斗的感人故事。对善意的批评、意见、建议要认真听取，及时改进工作，解决问题。对恶意攻击、炒作放大个别问题影响脱贫攻坚工作大局的，要坚决依法制止。

第二章　重庆行动

中央有部署，重庆有行动。作为中国西部唯一的直辖市，重庆集大城市、大农村、大山区、大库区于一体。中国两大国家级连片特困地区在重庆汇集。近年来，重庆市深入学习贯彻党中央、国务院有关方针政策和习近平总书记视察重庆重要讲话精神，按照中央和市委关于脱贫攻坚的安排部署，严格执行《中共中央　国务院关于打赢脱贫攻坚战的决定》（中发〔2015〕34号）要求，坚持精准识别、精准管理、精准施策和精准考核，扎实有效推进全市脱贫攻坚工作深入开展，贫困人口快速减少，贫困程度持续减轻，农村面貌逐步改观，群众生活不断改善，脱贫攻坚成效明显。

据2014年底统计，全市有扶贫开发工作重点区县18个，其中，国家扶贫开发工作重点区县14个，市级扶贫开发工作重点区县4个，另15个非重点区县（含万盛经开区）有扶贫开发任务；有贫困人口48.2万户165.9万人，占全市农村人口总数的7.1%；有1919个贫困村，占全市行政村总数的22.6%。14个国家扶贫开发工作重点区县中，12个被划入秦巴山、武陵山集中连片特困地区。

2017年8月21日，重庆市委书记陈敏尔主持召开渝东北片区各区县工作座谈会。他强调，渝东北片区各区县要深入贯彻习近平总书记在推动长江经济带发展座谈会上的重要讲话和视察重庆重要讲话精神，适应把握经济发展新常态，坚定走向生态文明新时代，守住守好发展和生态两条底线，进一步处理好生态环境保护和发展的关系，决不能走“先污染后治理”的老路，决不能走“守着绿水青山苦熬”的穷路，决不能走“以牺牲生态环境为代价换取一时一地经济增长”的歪路，坚定不移走生态优先、绿色发展的新路。同时，要努力把民生工作做实，像抓经济建设一样抓民生工作、像落实发展指标一样落实民生任务，深入推进脱贫攻坚，大力抓好基础设施建设，积极发展社会事业，切实解决移民后续发展问题，做到目标实、措施实、效果实。

2018年1月25日，重庆市委书记陈敏尔出席重庆市政协五届一次会议开幕式时表示，重庆要聚焦发力脱贫攻坚。以超常规举措打好脱贫攻坚战，将精准二字进行到底，把产业发展和基础设施条件改善作为贫困地区稳定脱贫的关键，扎实抓好深度贫困乡镇脱贫、东西部扶贫协作等重点工作，推动精准扶贫、精准脱贫各项政策措施落地见效，让贫困地区不断增强内生动力。

2018年2月7日，重庆市扶贫开发领导小组召开会议，会议审议了《全市精准脱贫攻坚战实施方案》和《重庆市2018年至2020年开展扶贫领域腐败和作风问题专项治理的工作方案》。重庆市委书记、市扶贫开发领导小组组长陈敏尔主持会议并讲话。他强调，要深学笃用习近平新时代中国特色社会主义思想和党的十九大精神，深入贯彻习近平总书记扶贫开发战略思想，坚持精准扶贫精准脱贫基本方略，聚焦重点、精准发力，实事求是、稳扎稳打，高质量打好脱贫攻坚战。陈敏尔强调，脱贫攻坚越往后，越需要付出艰辛努力，啃下难啃的“硬骨头”。打好脱贫攻坚战，关键是聚焦再聚焦、精准再精准。一要进一步把握好脱贫攻坚的目标进度。对标对表党中央确定的时间节点，紧密结合贫困区县实际，实事求是合理确定脱贫进度，不搞层层加码、提前脱贫，杜绝数字脱贫、虚假脱贫。二要进一步把握好脱贫标准质量。按照“一达标、两不愁、三保障”要求，着力解决绝对贫困，切不能盲目提高标准。建立稳定脱贫长效机制，实施扶贫对象跟踪管理，巩固脱贫成果，增强贫困群众获得感。三要进一步把握好精准脱贫与区域发展的关系。坚持精准到人头、统筹到区域，注重公共政策的惠及面和公平性，聚焦深度贫困地区深度发力，深入推进基础设施建设和产业发展等重点工作，一体解决区域性整体贫困和“插花”贫困，实现发展与扶贫良性互动。四要进一步把握好加强领导责任制和乡村班子建设这个关键。选好配强乡镇和村“两委”班子，分类精准选派“第一书记”、驻村工作队，打造全面过硬的扶贫工作队伍。区县党政主要负责同志要履行第一责任人责任，乡镇、村两级要负起直接责任，不断增强脱贫攻坚内生动力。五要进一步把握好开展扶贫领域腐败和作风问题专项治理重点。用好脱贫攻坚专项巡视成果，切实抓好突出问题整改落实，严格督查执纪，加强督查暗访、考核评估、追责问责，提高脱贫攻坚工作整体效能。

2018 年 11 月 4 日至 6 日，重庆市委书记陈敏尔在黔江区、秀山土家族苗族自治县、酉阳土家族苗族自治县调研脱贫攻坚。他强调，要深入学习贯彻习近平总书记关于扶贫工作的重要论述，把精准到人头与统筹到区域结合起来，把激发内生动力与用好外部力量结合起来，把打赢脱贫攻坚战与实施乡村振兴结合起来，撸起袖子加油干，扑下身子抓落实，奋力夺取脱贫攻坚的全面胜利。

2018 年 11 月 12 日至 14 日，重庆市委书记陈敏尔在云阳、奉节、巫山、巫溪调研时强调，要深学笃用习近平生态文明思想，提高政治站位，强化“四个意识”，学好用好绿水青山就是金山银山的理念，走深走实产业生态化、生态产业化的路径，切实加大保护生态、保障民生的力度，努力实现百姓富、生态美两者有机统一。贫困户脱贫有没有门路？脱贫户致富有没有办法？陈敏尔十分牵挂。在奉节砚瓦村田家院子，陈敏尔入户看望脱贫户魏辉碧，并与村里的贫困群众围坐在一起拉家常。看到乡亲们日子越过越好，发展信心越来越足，陈敏尔十分高兴。他说，党委政府有好政策，干部群众有干事创业的精气神，脱贫致富路一定会越走越宽。在巫山柳坪村、巫溪长红村，陈敏尔入户看望贫困户龚克兵、脱贫户徐达才，鼓励他们坚定信心，增强志气，用勤劳的双手，创造美好生活。

2018 年 12 月 5 日，重庆市委书记陈敏尔深入石柱土家族自治县中益乡和黄水镇、冷水镇，实地调研脱贫攻坚工作。他强调，深度贫困乡镇是我市脱贫攻坚战必须啃下的“硬骨头”。要深入学习贯彻习近平总书记扶贫重要论述，落实精准方略，聚焦深度贫困，围绕改善生产生活生态条件、调整产业结构、推进农村集体产权制度改革、落实扶贫惠民政策再发力，集中火力攻克坚中之坚。陈敏尔强调，要深入学习贯彻习近平总书记扶贫重要论述，聚焦深度贫困地区，集中精力、集中火力攻克坚中之坚。聚焦深度改善生产生活生态条件再发力，统筹推进脱贫攻坚和乡村振兴，着力补齐基础设施短板。聚焦深度调整产业结构再发力，大抓特抓山地农业、生态旅游和农村电商，推动农业“接二连三”，激发农村发展活力。聚焦深度推进农村集体产权制度改革再发力，提高生产组织化程度，完善利益联结机制，扩大贫困群众参与度和受益面。聚焦深度落实扶贫惠民政策再发力，把政策的“含金量”转化为群众的获得感，激发贫困群众内生动力。

2019 年 1 月 19 日，中共重庆市委落实中央脱贫攻坚专项巡视整改工作动员部署会召开。重庆市委书记、市委落实中央脱贫攻坚专项巡视反馈意见整改工作领导小组组长陈敏尔出席会议并讲话。他强调，全市上下要深入学习贯彻习近平总书记关于巡视工作的重要指示精神，树牢“四个意识”，坚决做到“两个维护”，以高度的政治自觉和责任担当抓好整改落实，确保高质量如期打赢打好脱贫攻坚战。陈敏尔指出，当前，我市脱贫攻坚工作已进入全面冲刺、决战决胜的关键阶段。要坚持问题导向，发扬斗争精神，高质量完成整改任务。要在学深悟透总书记关于扶贫工作重要论述和对重庆的重要指示精神上体现高质量，在结合实际贯彻落实上下功夫，做到学思用贯通、知信行统一。要在压紧压实脱贫攻坚主体责任上体现高质量，深入落实市、县、乡、村四级书记齐抓共管责任制，强化纪委监委监督职责和职能部门监管责任。要在解决脱贫攻坚中的作风问题上体现高质量，坚决解决一些干部抓脱贫攻坚工作不在状态、消极厌战、急躁畏难等问题，坚决防止形式主义和官僚主义、形象工程、超标准和“等靠要”等问题，坚决纠正抓工作浮在表面、不作为慢作为等问题。要在精准落实中央关于脱贫攻坚重大方针政策上体现高质量，在产业扶贫、易地扶贫搬迁、促进生态保护和脱贫双赢、东西部扶贫协作、巩固脱贫攻坚成果等方面加大工作力度，以决战决胜的精神状态，打赢打好脱贫攻坚战。要在抓党建促脱贫攻坚上体现高质量，发挥基层党组织战斗堡垒作用，完善贫困区县考核工作，充实一线扶贫队伍，激发贫困群众内生动力。要在统筹抓好各类监督检查发现问题整改上体现高质量，把抓好巡视问题整改与督查、审计等监督检查发现问题整改相结合，不断拓展整改的深度和广度。陈敏尔强调，全市各级党委（党组）要加强政治领导、责任传导、分类指导和工作督导，在条条要整改、事事有回音、件件有着落上集中发力，做好巡视“后半篇文章”。要强化政治担当，自觉从市委本身改起，各级党政主要领导要把第一责任人责任扛在肩上，班子成员要落实分管领域整改责任，层层传导压力，层层压实责任。要细化工作举措，实行市级领导包干制，制订问题清单、任务清单、责任清单，做到定人、定责、定目标、定时间、定任务、定标准，确保每项整改任务都落地落实。要建立长效机制，举一反三，推动整改常态化、长效化。要确保整改实效，发扬钉钉子精神，力戒形式主义、官僚主义，强化自觉接受监督意识，增强群众的获得感和满意度。

2019 年 1 月 27 日，重庆市委书记陈敏尔来到所在的奉节代表团，与代表们一起审议政府工作报告。他强调，要深学笃用习近平新时代中国特色社会主义思想，紧紧围绕习近平总书记对重庆提出的重要指示要求，始终保持坚定、清醒、创新的精神状态，持续营造良好政治生态，推动经济社会发展各项事业迈上新台阶。奉节要在打赢打好脱贫攻坚战上走深走实，坚持思想不松劲、工作不停步，贯彻精准方略，抓好问题整改，巩固脱贫成果，拓宽增收门路，确保稳定脱贫、逐步致富。要在用足用好生态和文化两个宝贝上走深走实，深入践行绿水青山就是金山银山理念，大力发展山地特色高效农业，推动农业“接二连三”，促进农文旅融合发展，推进产业生态化、生态产业化，实现百姓富、生态美有机统一。要在抓好交通基础设施建设和农村人居环境整治上走深走实，推动城乡面貌持续改善。要在推进全面从严治党上走深走实，靠作风吃饭、靠实绩惠民，用干部的辛苦指数提升群众的幸福指数。

2019 年 2 月 12 日，重庆市人民政府市长唐良智到市级深度贫困乡奉节县平安乡，开展蹲点“促改督战”专项行动，并作出重要指示。唐良智强调，要深学笃用习近平总书记关于扶贫工作重要论述，按照市委部署和陈敏尔书记要求，深化思想武装，坚持问题导向，贯彻精准方略，加强作风建设，以更大担当更实举措高质量完成巡视整改任务，为打赢打好脱贫攻坚战奠定坚实基础。唐良智市长叮嘱抓牢四个重点深度发力，为奉节导航定向。一是抓实抓牢脱贫攻坚。脱贫攻坚是最难打的仗，脱贫攻坚干部要进一步提高政治站位，增强责任感、使命感，扎实做好巡视“后半篇文章”。要有打持久战的意志，继续保持帮扶队伍稳定，扶贫力度不减；要加强对脱贫攻坚典型案例、经验做法的提炼总结。二是强化基层党建工作。党员领导干部首先要抓好党的建设，尤其是要持续提升基层党组织的凝聚力和战斗力，让班子有好的工作状态，让干部有好的精神面貌；要把群众的小事难事办好，对群众合理诉求要全部解决，不合理诉求要及时疏导，让群众发自内心地跟党走。三是做好群众教育引导。要引导群众爱清洁、守秩序、讲文明，构建和谐的邻里关系，既要倡导优秀传统文化，又要把社会主义核心价值观充分彰显出来，凝聚社会共识，引领社会风尚。四是用好文化旅游资源。要梳理好深度贫困乡平安乡红色历史文化资源，并通过网络加大宣传力度，大力发展红色旅游。要利用好生态旅游资源，把生态优势转化为经济效益。

2019 年 4 月 18 日，重庆市委召开市委常委会扩大会议和全市领导干部会议，传达学习贯彻习近平总书记在解决“两不愁三保障”突出问题座谈会和市委市政府工作汇报会上的重要讲话精神。会议强调，全市上下要把学习贯彻习近平总书记重要讲话精神作为当前和今后一个时期的首要政治任务，深刻领会把握总书记重要讲话的核心要义和精神实质，用总书记重要讲话精神统领和推动全市各项工作，牢记嘱托，锐意进取，担当作为，不断开创重庆各项事业发展新局面。会议指出，习近平总书记始终关心重庆发展、十分牵挂重庆人民。在决胜脱贫攻坚、全面建成小康社会的关键时刻，在喜迎新中国成立 70 周年的重要节点，在西部大开发 20 周年之际，总书记亲临重庆视察指导，带来了党中央的亲切关怀。考察期间，总书记风尘仆仆、不辞辛劳，前往武陵山区的偏远农村，深入农户家中、田间地头和乡村小学，与基层干部群众拉家常、问冷暖、听心声，实地了解脱贫攻坚进展情况，主持召开解决“两不愁三保障”突出问题座谈会并发表重要讲话。总书记专门听取市委市政府工作汇报，充分肯定了近两年来重庆工作成绩，从战略和全局的高度为重庆发展导航定向。总书记视察重庆，重点突出、主题鲜明、意义重大，是新时代重庆改革发展的重要里程碑，充分体现了以习近平同志为核心的党中央对重庆工作的高度重视和对广大干部群众的亲切关怀。总书记所到之处，干部群众欢欣鼓舞，发自内心地向总书记问好，发自内心地感恩党、感恩总书记，充分体现了3000多万巴渝儿女对以习近平同志为核心的党中央的衷心拥护。

2019年5月8日，重庆市委书记陈敏尔在全市解决“两不愁三保障”突出问题暨巡视考核整改工作专题会议上强调，要深入学习贯彻习近平总书记关于扶贫工作重要论述和视察重庆重要讲话精神，切实增强打赢脱贫攻坚战的使命感责任感，集中力量解决“两不愁三保障”突出问题，深入抓好中央专项巡视和年终考核问题整改落实，一鼓作气、顽强作战，确保高质量如期完成好脱贫攻坚任务。陈敏尔指出，“两不愁三保障”是贫困人口脱贫的基本要求和核心指标，直接关系脱贫攻坚质量。当前，我市“两不愁三保障”工作扎实有序、成效明显，但还存在不少薄弱环节。全市各级各部门要把解决“两不愁三保障”突出问题作为推进脱贫攻坚的当务之急、重中之重，对标对表中央要求，集中力量加以解决。思想认识要再深化，坚决防止松劲懈怠、撤摊子、歇歇脚等现象，坚决杜绝转移重心、更换频道等做法。工作措施要再优化，聚焦已脱贫、未脱贫、临界户三类群众，进一步排查突出问题，精准到村到户到人，逐项逐户对账销号。政策落实要再细化，精准落实国家基本标准和政策要求，既不拔高标准，也不降低标准。组织保障要再强化，构建市负总责、区县抓落实、条块结合的工作机制，明确时间表、路线图，确保如期完成任务。

陈敏尔强调，脱贫攻坚战进入决胜的关键阶段，要强化问题导向、责任导向、绩效导向，扎实做好今明两年脱贫攻坚工作。要压实攻坚责任，党政主要领导要亲力亲为抓，分管领导要用心得法抓，各级各部门要履职尽责、合力攻坚。要攻克坚中之坚，围绕“四个深度发力”，加大工作力度，解决好 18 个深度贫困乡镇脱贫问题。要注重统筹兼顾，抓紧推进脱贫攻坚成效年终考核反馈问题整改，接续抓好中央脱贫攻坚专项巡视反馈意见整改。要提高脱贫质量，严把贫困退出关，把防止返贫摆在重要位置，建立稳定脱贫长效机制。要稳定脱贫政策，做到摘帽不摘责任、摘帽不摘政策、摘帽不摘帮扶、摘帽不摘监管。要抓好作风建设，完善和落实抓党建促脱贫的体制机制，确保扶贫工作务实、脱贫过程扎实、脱贫结果真实。在扶贫一线的扶贫干部工作不容易，用自己的辛苦换来贫困群众的幸福，要加强培养使用、宣传表彰、教育管理和关心爱护，激励广大干部更加担当有为。

2019 年 5 月 20 日至 21 日，中国共产党重庆市第五届委员会第六次全体会议召开。全会听取和讨论陈敏尔受市委常委会委托作的五届三次全会以来工作报告和抓党建工作报告，审议通过《中共重庆市委关于深入学习贯彻习近平总书记视察重庆重要讲话精神在推进西部大开发形成新格局中展现新作为实现新突破的决定》《中共重庆市委重庆市人民政府关于贯彻落实习近平总书记在解决“两不愁三保障”突出问题座谈会上重要讲话精神的实施意见》和全会决议。全会的主要任务是，以习近平新时代中国特色社会主义思想为指导，深入学习贯彻习近平总书记视察重庆重要讲话和在解决“两不愁三保障”突出问题座谈会上的重要讲话精神，全面贯彻落实总书记对重庆提出的“两点”定位、“两地”“两高”目标、发挥“三个作用”和营造良好政治生态的重要指示要求，进一步统一思想、深化认识、凝聚力量，动员全市广大干部群众牢记嘱托、不负使命，锐意进取、奋发有为，坚决打赢打好脱贫攻坚战，努力在推进西部大开发形成新格局中展现新作为、实现新突破，扎扎实实把总书记殷殷嘱托全面落实在重庆大地上，以优异成绩迎接新中国成立70周年。全会指出，要认真落实习近平总书记在解决“两不愁三保障”突出问题座谈会上的重要讲话精神，保持决战决胜姿态，坚决打赢打好脱贫攻坚战。强化政治担当，压实攻坚责任，凝聚攻坚合力，改进攻坚作风，扎实做好今明两年脱贫攻坚工作。强化目标标准，坚持现行脱贫标准不动摇，既不拔高，也不降低，着力解决“两不愁三保障”突出问题。强化问题整改，注重分类施策、长短结合、统筹兼顾，扎实推进脱贫攻坚成效年终考核反馈问题整改，接续用力抓好中央脱贫攻坚专项巡视反馈意见整改。强化精准方略，聚力抓贫困县摘帽、抓深度贫困乡镇脱困、抓未脱贫村脱贫，确保限时高质量脱贫销号。强化脱贫质量，把防止返贫摆到重要位置，保持脱贫攻坚政策稳定，严格考核评估，巩固脱贫成果。

2019年7月16日，全市脱贫攻坚现场工作会议在石柱土家族自治县召开。市委书记陈敏尔出席会议并讲话。他强调，要深入学习贯彻习近平总书记关于扶贫工作重要论述和对重庆脱贫攻坚工作重要指示精神，深入检视和精准解决突出问题，把“不忘初心、牢记使命”主题教育实际行动转化为推进脱贫攻坚实际效果，坚决打赢脱贫攻坚这场硬仗。陈敏尔在讲话中指出，习近平总书记始终深情牵挂贫困地区群众，向全党全国发出打赢脱贫攻坚战的进军号令，以钉钉子精神驰而不息地抓脱贫攻坚。脱贫攻坚集中体现共产党人的初心使命，脱贫攻坚的实战最能检验共产党人的初心使命。这次市领导“不忘初心、牢记使命”主题教育到石柱开展集体调研并召开现场会，就是把学习贯彻总书记在解决“两不愁三保障”突出问题座谈会上的重要讲话精神引向深入，以脱贫攻坚为载体开展主题教育，对全市脱贫攻坚工作再部署再督战再落实。我们要结合开展主题教育，深入学习领会总书记关于扶贫工作重要论述和对重庆脱贫攻坚工作重要指示精神，学出坚定的初心使命，学出深厚的人民情怀，学出科学的思想方法，学出务实的工作作风，以脱贫攻坚成效检验主题教育成效，确保如期高质量打赢脱贫攻坚战。

第三章　奉节共识

奉节县2002年被确定为国家扶贫开发工作重点县。2014年，全县建档立卡135个贫困村、贫困对象34185户124425人，贫困发生率为13.5%。脱贫攻坚战启动以来，奉节县始终把脱贫攻坚作为头等大事和第一民生工程，始终着力保障和改善民生，努力提高人民群众获得感幸福感，坚持以脱贫攻坚统揽经济社会发展全局，2015年销号38个贫困村、脱贫13418户48666人；2016年销号65个贫困村、脱贫14006户56963人；2017年销号25个贫困村、脱贫6337户24640人；2018年销号7个贫困村、脱贫2164户7516人。截至2019年12月，全县建档立卡贫困对象35996户136699人，135个贫困村全部出列，未脱贫户1013户3046人，贫困发生率0.36%。2019年4月29日，重庆市人民政府正式宣布奉节县退出国家扶贫开发工作重点县。

五年来，奉节县干部群众齐心协力、众志成城，真抓实干、埋头苦干，奉节经济在大扶贫中转型，奉节山水在大扶贫中巨变，奉节人民在大扶贫中奋进，奉节干部在大扶贫中锤炼，为高质量打赢打好脱贫攻坚战积累了宝贵经验，凝聚了强大的发展共识。

一、思想共识：骨头再硬必须啃下

思想是行动的先导。习近平总书记强调，脱贫攻坚战只能打赢打好，无论这块硬骨头有多硬都必须啃下，无论这场攻坚战有多难打都必须打赢。脱贫攻坚是习近平总书记亲自带领省市县乡村五级书记一起抓的一把手工程，是一项极其重大、极为严肃的政治任务，更是各级党政干部不可推卸的头等大事。这就需要各级党委和政府切实把打赢脱贫攻坚战作为重大政治任务，始终加强党对脱贫攻坚的领导，把全面从严治党要求贯穿脱贫攻坚全过程，进一步落实脱贫攻坚责任制，强化使命担当。认识和评价一个干部，不仅要看他怎么说，更要看他怎么做；不仅要看他平时的言行，更要看他关键时刻的表现。实践证明，越是重大关头、关键时刻，越能锻炼一个干部、考验一个干部，也越能识别一个干部。党员干部唯有锚定远大目标，保持战略定力，以坚定的自信、卓越的智慧、无畏的勇气知难而进、迎难而上，才能在各种风险考验面前"不畏浮云遮望眼""乱云飞渡仍从容"。奉节县深学笃用习近平总书记关于扶贫工作的重要论述及市委要求，始终把脱贫攻坚作为头等大事、首要政治任务、重大发展机遇、重要治理平台，凝聚广大党员干部的思想共识，在难中进、向高处行，把握"难"与"进"的辩证法，唤醒了主宰自己命运的自我意识，激发起顽强奋斗、艰苦奋斗、不懈奋斗的豪迈情感，投身脱贫攻坚之中，坚决如期高质量打赢脱贫攻坚战。

脱贫攻坚是首要政治任务。奉节县始终把脱贫攻坚作为首要政治任务和第一民生工程，以脱贫攻坚统揽经济社会发展全局，坚决如期高质量打赢脱贫攻坚战。习近平总书记强调，我们党员干部都要有这样一个意识：只要还有一家一户乃至一个人没有解决基本生活问题，我们就不能安之若素；只要群众对幸福生活的憧憬还没有变成现实，我们就要毫不懈怠团结带领群众一起奋斗。这是一场时间有限、目标具体、任务明确、务求全胜的硬仗。“我们要万众一心加油干，越是艰险越向前，把短板补得再扎实一些，把基础打得再牢靠一些，坚决打赢脱贫攻坚战，如期实现现行标准下农村贫困人口全部脱贫、贫困县全部摘帽。”在2020年新年贺词中，习近平主席深情回望过去一年的不凡成就，点赞用汗水浇灌收获、以实干笃定前行的奋斗者，发出决战决胜脱贫攻坚、全面建成小康社会的动员令。习近平主席亲切的话语、殷切的期待、郑重的嘱托，鼓舞和坚定着奉节人民以奋斗创造幸福生活的信心和决心。面对仍然艰巨繁重的脱贫攻坚任务，唯有不畏艰险、敢于斗争，才能保障贫困群众真脱贫、稳脱贫，让“全面小康路上一个也不能少”彻底变成现实，兑现我们党的庄严承诺。奉节将脱贫攻坚作为“主战场”，在这场严峻斗争的实践中考察识别干部，激励引导广大党员、干部在危难时刻挺身而出、英勇奋斗、扎实工作，经受住考验，切实做到守土有责、守土担责、守土尽责，紧紧依靠人民群众坚决打赢脱贫攻坚战。

脱贫攻坚是重大发展机遇。习近平总书记强调，实施乡村振兴，摆脱贫困是前提。2019年全市“两会”期间，重庆市委书记陈敏尔对奉节提出“1231”指示精神，第一个“1”，就是要打好一场硬仗——脱贫奔小康。当前是农村大发展、大跨越的最佳时机，大量资源、资金集中投入，推动基础条件改善、产业更新升级，变化是实实在在的，未来是明明确确的。奉节县牢牢抓住这一重大历史机遇，把乡村振兴看作脱贫攻坚的升级版，把脱贫攻坚同实施乡村振兴战略有机结合起来，紧盯攻坚拔寨，让一切工作为扶贫开道、为脱贫让路，工作力量摆布、项目资金分配都要围绕扶贫来“转”，集中精力把短板补上去；紧盯全面振兴，以乡村产业、人才、文化、生态、组织五个振兴为方向，着力振兴农村经济、完善公共服务、加强社会治理、保护生态环境、加强党的建设，把脱贫攻坚的过程变成乡村振兴的过程，推动全县跨越式发展，确保小康路上的每一个脚印都是坚实的、有力度的、富有成效的。

脱贫攻坚是重要治理平台。脱贫攻坚的过程就是一个做群众工作、完善治理的过程。奉节县以基层基础规范化建设、“六项专项治理”“四访四议”“公示公开六个一”等工作为抓手，带着问题、带着情怀、带着责任深入群众，与群众朝夕相处、广泛联系，让群众知晓、明白、参与和监督，赢得群众的理解、认同和拥护。奉节县把脱贫攻坚作为密切党群干群关系的重要抓手，从“真、实、细、小”四字出发，问政于民、问计于民、问需于民。决战决胜脱贫攻坚，群众工作是关键。奉节县拿出当年三峡大移民时的精神，用志在必胜的信心投入工作，用只争朝夕的状态背水一战，用敢死拼命的精神攻坚拔寨。

二、行动共识：务实扎实真实作为

习近平总书记强调，脱贫和高标准的小康是两码事。我们不是一劳永逸，毕其功于一役。相对贫困、相对落后、相对差距将长期存在。要实事求是，求真务实，踏踏实实做这个事，不能搞数字游戏。考核要有正确导向，起到促进作用。五年的脱贫攻坚，奉节县党员干部群众深刻体会到，脱贫攻坚必须“干字当头、实字托底”，唯有把“扶贫工作必须务实、脱贫过程必须扎实、脱贫结果必须真实”作为根本遵循和行动指南，把精准扶贫、精准脱贫方略贯穿始终，才能实现扶真贫、真扶贫，脱真贫、真脱贫。为此，奉节县从严从紧压实工作责任，坚决落实“中央统筹、省负总责、市县抓落实”工作要求，落实“五级书记抓扶贫”和“双组长”制，牢牢把脱贫职责扛在了肩上，把脱贫任务抓在了手上。实行最严格的考核制度，部门、乡镇实行联动考核、捆绑问责、有责共担、失责同究。实行最严格的督查制度，一月一督察，两月一排名，对行业扶贫部门、帮扶单位、乡镇、贫困村、非贫困村排名靠后的给予黄牌警告。坚持最扎实的工作作风，出台脱贫摘帽“最严十条”工作纪律，坚持“开局就是决战、出发就是冲锋”，做到“清晨之问、静夜之思，案无积卷、事不过夜”，全县干部在岗位、在现场、在状态。严格坚持现行扶贫标准，既不降低标准、影响成色，也不拔高标准、吊高胃口，严格按照国家标准把好“识别关”“退出关”，确保脱贫结果真实。

三、情感共识：干群同心其利断金

全面彻底解决绝对贫困问题，是中华民族伟大复兴征程中的壮举，是人类文明发展史上的创举。奉节县充分认识到，决战决胜脱贫攻坚必须凝聚全社会最大攻坚合力，将干部群众拧成一股绳、劲往一处使，才能共同战胜贫困、摆脱贫困。为此，全县干部发扬“奉公守节、自强不息”的奉献精神，全县群众秉持“勤爬苦做、自力更生”的拼搏精神，干群同心、众志成城、攻坚克难，生动诠释了“不获全胜决不收兵”的攻坚誓言。唐良智市长、潘毅琴副市长（现任最高人民检察院党组成员、政治部主任）亲自定点联系帮扶平安乡，市政府办公厅驻乡工作队坐镇指挥、蹲点督战、倾情帮扶。县领导“下沉一级”包乡镇，靠前指挥、蹲点督导、亲自调度。部门“一把手”白天当“村长”，晚上当局长。第一书记和驻村工作队数年如一日，吃在村、住在村、干在村。村干部风里来、雨里去，奔走在大山最深处，在扶贫路上踏破了鞋、磨破了嘴。帮扶干部结穷亲、办实事，用心用情解难题，真帮真扶拔穷根。贫困群众心怀感恩、自强自立、不等不靠，3507 名贫困户主动申请脱贫，涌现出廖良琼、喻德兵、李美容等一批勤劳致富脱贫典型。

四、技术共识：问题导向靶向明确

问题是最宝贵的财富，坚持问题导向，持续发现问题、研究问题、解决问题，是做好脱贫攻坚工作的重要“方法论”。路子对头、方法得当，才有事半功倍的效果。为此，奉节县始终坚持问题导向，持续开展书记、县长遍访贫困村，乡镇党委书记、村党支部书记遍访辖区贫困户，现场收集解决贫困户实际问题。深入开展“蹲点促改督战”，全体市管领导和县级部门主要负责人深入联系帮扶乡镇访深度贫困、促问题整改、督脱贫攻坚。持续开展“大走访、大排查、大整改”，全方位、无死角排查整改突出问题。坚持现场调度、解剖麻雀，聚焦住房、饮水等薄弱环节，分行业、分片区召开现场会，实行案例教学、现场教学，有力推动全县脱贫攻坚走深走实。实行脱贫攻坚问题日调度，按照“逐户走访收集问题、分村汇总梳理问题、乡镇研判解决问题、县级调度解答问题”的流程，调度解决疑难问题，书面化、纸质化解答，确保问题解决高效、答复口径统一。在扶贫工作中，奉节县委书记杨树海带领奉节干部俯下身子到现场，走进基层见实情，把党员干部、教师、医生、涉农专家等人力资源下沉到扶贫一线，切实发挥作用，用不同“钥匙”开了不同的“锁”，从千头万绪的攻坚战中，找到了行之有效的条理性措施。奉节推行驻村帮扶“到户看院子、抬眼看房子、进门开柜子、伸手开管子、走近问身子、坐下问孩子”六个环节，逐村逐户排查，逐个环节落实，精准解决‘两不愁三保障’突出问题，做到全面小康路上不漏一户、不落一人，坚决兑现脱贫奔小康的庄严承诺。“到户看院子，全面改善人居环境”——改善人居环境是驻村帮扶的首要一环；“抬眼看房子，全面落实住房保障”——保障住房安全是驻村帮扶的重中之重；“进门开柜子，全面实现吃穿不愁”——确保吃穿不愁是驻村帮扶的底线任务；“伸手开管子，全面确保饮水安全”——解决饮水安全问题是驻村帮扶的基础工作；“走近问身子，全面杜绝因病致贫”——杜绝因病致（返）贫是驻村帮扶的最大民生；“坐下问孩子，全面推进扶智树德”——阻断贫困传递、倡导守孝风尚是驻村帮扶的责任担当。

五、评判共识：群众满意就是标准

唯有始终坚持以人民为中心的发展思想，把人民群众获得感、幸福感、认同感作为脱贫攻坚工作的出发点和落脚点，脱贫攻坚工作才能经得起实践、历史和人民的检验。为此，奉节县紧扣精准帮扶、住房安全、饮水安全、人居环境、干部作风、群众认可等“六项重点”，切实解决群众最关心、最直接、最现实的利益问题。持续开展“两回两讲两解”，推进干部走访、教师家访、医生巡访、农技随访“四访”全覆盖，积极开展“五个一”活动，增进干群“鱼水情”。坚持“以公开促公正、以公正助公平、以公平树公信”，统筹兼顾贫困村和非贫困村、贫困户和非贫困户，全面实行公示公开“六个一”，将扶贫政策、项目、资金一律公示公开，让群众了解扶贫、参与扶贫、监督扶贫，营造了公开、公正、公平、公信的社会环境。奉节县按照“八到户八到人”工作要求，落实网格化管理责任，推行干部进村入户、户户必见干部。一万余名干部驻村帮扶，1400 多个日夜尽锐攻坚，每月吃一顿农家饭、住一晚农家屋、干一天农家活、开一次家庭会、做一件贴心事，真正帮群众解难题，为群众谋福祉，让群众享公平，做群众贴心人。党员干部们用自己的“辛苦指数”换来了群众的“幸福指数”，一举甩掉戴了 33 年的穷帽子，群众满意度实现大幅跃升，告别了连续十年全市垫底的局面。

六、迎检共识：不负韶华不辱使命

全面建成小康社会，是我们党向人民、向历史作出的庄严承诺，是中华民族历史上前无古人的伟大事业，近 14 亿人的大国实现全面小康也是人类发展史上的伟大成就。一切伟大成就都是接续奋斗的结果，一切伟大事业都需要在继往开来中推进。确保全面建成小康社会圆满收官，乘势而上开启全面建设社会主义现代化国家新征程，是时代赋予我们的重任。唯有只争朝夕、接续奋斗，方能不负韶华、不辱使命。前进的道路不可能全是坦途，但没有比人更高的山，没有比脚更长的路。100 多万奉节人民只要保持永不懈怠的精神状态和一往无前的奋斗姿态迎接贫困县脱贫退出专项评估检查，就一定能让奉节风采更加壮丽、奉节力量更加磅礴，书写奉节发展更加辉煌的新篇章。奉节县以高质的迎检准备，切实做到守土有责“在岗位”、守土有方“在现场”、守土有效“在状态”，集中精力搞好入户模拟、软件完善、环境卫生、氛围营造等工作，把汇报当作“捷报”、把迎检当作“迎亲”、把过关当作“过节”，做到接待大方、调度精准、反应迅速，努力留下好印象、展示好状态、取得好成绩。

决胜脱贫攻坚，实现全面小康，要保持“越是艰险越向前”的斗争精神。奉节县以高昂的战斗意志，大力弘扬“流血流泪不留憾，任劳任怨不认输”的奋斗精神，保持强烈的求战欲望、积极的请战姿态、万全的迎战准备，做到有底气、有靶心、有干劲、有激情，把评估检查作为检验、展示全县脱贫攻坚成效的重要途径。同时，奉节县以高效的执行落实，坚决做好查漏补缺、扫尾收官等各项工作，全面落实“一个目标、四个体系、八个到位、六个重点”工作部署，全面展现“三集中一转移”攻坚态势，全面呈现全县干部抓落实、突攻坚的能力和水平。

第四章 奉节历程

习近平总书记指出，“党和国家要把抓好扶贫开发工作作为重大任务，贫困地区各级领导干部更要心无旁骛、聚精会神抓好这项工作，团结带领广大群众通过顽强奋斗早日改变面貌。”“我们要立下愚公移山志、咬定目标、苦干实干，坚决打赢脱贫攻坚战，确保2020年所有贫困地区和贫困人口一道迈入全面小康社会。”奉节县委、县政府深入学习贯彻习近平总书记关于扶贫工作的重要论述，坚持精准扶贫精准脱贫基本方略，坚持以脱贫攻坚统揽经济社会发展全局。2016年以来，奉节县进一步完善工作思路，明确目标任务，举全县之力，聚全县之智，强力推进脱贫攻坚工作，干部群众齐心协力、众志成城，真抓实干、埋头苦干，共同演绎了“补短堵漏、夯基立柱、决战冲刺、巩固提升、打造样板”的脱贫攻坚历程。

一、2016——补短堵漏年

2016年6月17日，奉节召开脱贫攻坚推进大会，县委书记杨树海指出：“打赢脱贫攻坚战是县委、县政府向市委、市政府立下的军令状，没有退路，是要坚决完成的硬任务，是一场必须打胜的硬仗。”县委副书记、县长祁美文强调：“在肯定成绩的同时，我们必须清醒地看到，我县脱贫攻坚形势依然严峻，任务仍然非常艰巨。”在认真分析前一阶段的脱贫攻坚工作基础上，总结了当前面临的七大主要问题。

一是返贫风险比较大。总体看，“输血式”扶贫的多，“造血式”扶贫的少，稳定脱贫增收的措施还有待进一步做实。二是特殊群体措施少。对“两线合一”低保群体，有的乡镇一“兜”了之，没有新的增收措施，尤其是个别贫困户情况了解不细，机械地套用低保标准、条件，存在应保未保现象。三是基础资料不规范。部分乡镇和村对脱贫攻坚过程记录不细致、不全面，档案资料未整理、很零乱，处于“谁形成、谁保管”的状态，没有进行认真分类、编目等规范化管理。四是精准识别有差距。在2016年开展的新一轮动态识别调整中，仍然存在对贫困户的识别粗枝大叶，甚至未加识别、弄虚作假的问题。五是思想基础不牢固。在干部层面，有的认为脱贫攻坚是一个短期政治性任务，是一阵风，出点钱、出点人，做做样子，只要算账能达标、验收能通过就行，时间到、任务了，没有真正意识到脱贫攻坚的重大意义，没有真正从解决群众生产、生活困难入手去开展此项工作。六是攻坚合力待加强。一方面，驻村工作队和乡镇、村社的合力待加强，少数乡镇、村社与驻村工作队缺乏配合，各自职责界限不清。另一方面，部门与部门之间缺乏合力，一些部门缺乏大局观，大家都有任务，项目多、资源多的部门安排项目厚此薄彼。七是干部作风不深入。督查组没有指出工作不力的具体人和事件，明察暗访力度还不够。部分帮扶责任人还没有去过结对帮扶对象家里，即便去了也只是蜻蜓点水、走马观花，部分驻村工作队还没有发挥龙头作用。部分乡镇对村“两委”管理不严。很多村干部“读走学”，有些乡镇书记、镇长自己也天天“读走学”。

面对反映出来的七大问题，奉节县委县政府高度重视、勇于面对，全力重点从十个方面进行了补短堵漏。

（1）对象识别再精准。精准识别对象是脱贫工作的基础，离开这个基础，一切都是空谈。奉节再次对建档立卡数据补充、完善、更新、复核，仔细核查数据，挤掉“水分”，严格做到不该扶持的坚决退出，切实做到县不漏村、村不漏户、户不漏人，确保对象更加精准，数据更加完善。

（2）产业扶持再发力。60个贫困村共计下达5700万元产业资金，县农业农村委组织扶贫、林业、财政等部门开展“贫困村产业发展实施方案”落实情况检查，确保贫困村所选产业既符合全县特色产业发展区域布局，又符合贫困户的家庭实际；既考虑短期快速增收，又着眼长远持续增收。坚持“资金跟着贫困户走，贫困户跟着能人走，能人跟着产业走，产业跟着市场走”，坚持发展产业彻底斩断穷根，长远持续致富。

（3）搬迁扶贫再加快。对生存环境恶劣、基础设施极其薄弱、吊散偏远的贫困户，采取差异化补助及政策叠加等办法，鼓励贫困户易地扶贫搬迁。以务工或非农收入为主、经济条件较好的贫困户，动员实施“宅基地复垦＋生态搬迁”迁入集中安置点或城镇安置，实现贫困人口下山，富裕农民进城，人口梯度转移。以农业收入为主、“以土为本”不愿搬或不能搬的贫困户，房屋鉴定属危房的，分类实施C、D级危房改造，与扶贫搬迁政策叠加，深度贫困户务必实现“两不愁三保障”。

（4）教育培训再加力。进一步整合各方面政策和各类培训资金，大力开展实用技能培训，从实际需求入手，拓展种植、养殖、电工、电焊、服装制作、家政服务等培训门类，增强贫困户创业就业技能，把贫困的劳动力转移到二、三产业上来，确保有劳动意愿的贫困家庭成员充分就业。

（5）社会保障再扩面。进一步加强低保政策和扶贫政策衔接，对重病贫困对象、残疾贫困对象、无劳动能力贫困对象，采取低保政策兜底、残疾人优惠政策扶持、大病医疗救助、扶贫资金帮扶“四合一”或“多合一”的政策叠加方式，织牢织密基本民生安全网，通过社会保障兜底帮助贫困群众“脱穷境”。

（6）形成特色再用功。一是在乡村旅游上打造亮点。立足丰富的旅游资源，继续开展乡村旅游扶贫试点工作。二是在电商扶贫上特色示范。在全县发展30家农村电商合作社，通过农村淘宝合伙人带动当地网商链接种养大户辐射贫困人口，形成“网商+贫困户”的产品供销利益链接机制。三是充分运用“互联网+行政审批”，进一步优化完善办事不出村系统，核减审批要件、减省审批环节、压缩审批时限，继续下放一批审批事项，将群众办事窗口前移至村（社区），着力减轻群众办事成本。

（7）帮扶责任再强化。增派一批农村工作经验丰富的县级部门实职领导干部和后备干部充实到贫困村驻村工作队，乡镇组织机关干部职工、大学生村官等精干力量，组建非贫困村驻村工作队，实现驻村工作全覆盖。同时，县上增派县级机关干部帮扶联系贫困户，每个帮扶责任人帮扶贫困户最多不超过5户。

（8）工作机制再完善。县脱贫攻坚工作领导小组坚持每月一例会，听取各方面情况，解决当前突出问题。乡镇和村实行例会制度，及时梳理问题，研究措施。进一步完善沟通机制和奖惩机制，对每月排名后三位的乡镇党政主要领导，予以诫勉谈话，对连续两次排名最后一位的采取“硬措施”。进一步完善考核机制，要将完成脱贫工作任务情况纳入公务员平时考核中，层层传导压力。

（9）脱贫措施再丰富。各级各部门在原有的脱贫措施上，进一步加大创新力度，开动脑筋，增添措施。在产业扶贫上，既考虑短期见效，又考虑稳定成果的措施。探索“土地入股、按股分红、脱贫转股、滚动使用”的扶持模式，农户以土地租金作为股份入股到专业合作社。

（10）攻坚氛围再加强。不断加强对脱贫攻坚工作的宣传力度，采用广播、电视、报纸、手机信息、微信等方式，让群众既要经济上脱贫，也要思想上脱贫。各村、工作队依托村中有威望有能力人士、群众代表、致富能手、党员模范户等参与精准脱贫全过程，变“要我脱贫”为“我要脱贫”。迅速升温攻坚氛围，在全县掀起新一轮脱贫攻坚热潮。

二、2017——夯基立柱年

2017 年 8 月 24 日，奉节县委书记杨树海在全县深化脱贫攻坚工作大会上指出：“脱贫攻坚不仅是党向人民、向历史作出的庄严承诺，不仅是一场不能输也输不起的战役，也是一项极为严肃、必须完成的政治任务，更是检验我们是否与中央、市委保持高度一致的重要标志。”2017 年，奉节坚持稳中求进、进中求快、快中求好的工作主基调，以“夯基立柱”为抓手，拉高标杆，争先进位，经济社会持续健康发展。

（一）针对脱贫攻坚力度，构建大扶贫格局

一是加强统筹协调。实行脱贫攻坚双组长制，县委书记、县长任脱贫攻坚工作领导小组组长，县脱贫攻坚工作领导小组办公室设在县委办公室，负责协调指挥全县脱贫攻坚工作。二是压实工作责任。22 个行业扶贫重点部门，履行行业主管责任，分线作战；31 个乡镇成立乡镇脱贫攻坚指挥部，履行扶贫主体责任，分块作战。落实深化脱贫攻坚“网格化、捆绑式”责任体系，坚持层层压实责任向村级延伸，责任落实到人头，杜绝责任落实层层递减。三是逗硬督查问责。组建 4 个督查工作组和 2 个暗访工作组，建立专项督查、业务督查、暗访督查和满意度调查“四位一体”督查体系，一月一督查，两月一排名。

（二）针对基础设施落后，全力加大资金投入

一是全面改善交通条件。向农发行贷款 15 亿元用于全县交通道路建设，其中贫困村再安排 50 万元、非贫困村再安排 75 万元用于泥结石路建设，提前建成“村村硬、组组通”的小康之路。二是全面提升饮水质量。向农发行贷款 2.5 亿元用于全县安全饮水工作，通过集中供水和分散供水方式，确保家家户户通自来水，不断提升饮用水水质。三是全面改善配套设施。科学合理使用易地扶贫搬迁融资资金，安排资金 15.5 亿元用于教育、文化、卫生等社会事业发展。全年新建村级便民服务中心 13 个，改扩建 12 个，累计新建（改扩建）达到 82 个。实施人行便道 1427 千米，累计完成 1815 千米。累计新建标准化卫生室 78 个。标准文化室、村级广播站实现贫困村全覆盖。

（三）针对精准识别，网格化全覆盖过程管理

一是全覆盖走访。通过进村调研、入户走访、召开工作会议、群众院坝会等，开展地毯式摸排，采取“六必看”，全面收集农村群众吃、穿、住、医、学等情况，做到村不漏组、组不漏户、户不漏人。二是网格化管理。建立主要领导包片、分管领导包村、驻村队员包社、明确责任到人“三包一到”工作制度，掌握群众所盼、所需、所求，建立户情档案，分类列出困难群众、社会管理群众、一般群众“三类对象”，分片包干到人，摸准民情。

（四）针对精准帮扶，确保政策落实到户到人

一是教育资助全覆盖。教育资助实现从学龄前幼儿到大学全覆盖，累计资助 258601 人次，金额达 3.3 亿元。二是产业资金全到户。县级财政安排 7800 万元，用于 3.4 万户贫困户每户产业发展资金 2000 元。三是

住房安全全解决。将住房改造指标优先落实到建卡贫困户、低保户、五保户和残疾困难家庭，完成 C、D 级危房改造 5443 户，竣工 4622 户，分别超实际下达计划的 78% 和 49%，完成易地扶贫搬迁 21158 人。四是兜底保障再扩面。对没有解决三保障的低保、五保的贫困对象纳入贫困户系统，实行民政政策兜底 13575 人。五是就业保障更充分。为有劳动能力的“零就业”贫困家庭，开发农村公益性岗位 2200 个，为 800 名贫困户落实护林员公益岗位。

（五）针对资金管理，强整合重整改严监管

一是加大统筹整合力度。全年统筹整合涉农资金 18.3 亿元用于脱贫攻坚，安排财政扶贫资金 41967 万元，行业资金 32367 万元，融资 72483 万元，县级财政资金 10156 万元，统筹交通、水利、国土、建委及对口帮扶等 21 县级部门的涉农资金，实现了“多个龙头进水，一个龙头放水”。二是扎实开展审计整改。开展扶贫资金审计整改和财政部专员办交办问题整改，举一反三整改问题 73 个，聘请 2 家中介机构建立 31 个乡镇扶贫资金台账，对资金账务和项目程序进行清理规范，严禁扶贫资金被滞留、截留、挪用、挤占等，确保扶贫资金使用安全高效。三是加强资金使用管理。落实各级领导干部“一岗双责”，建立各领域扶贫项目与乡镇或项目业主签订项目建设廉政责任书制度，用最严厉的手段，打造扶贫领域的廉政工程，对扶贫领域违规违纪行为零容忍，切实做到扶贫项目零质疑、零投诉。

（六）针对发展不均衡，强统筹抓兼顾重平衡

一是兼顾贫困村和非贫困村发展。坚持贫困村和非贫困村均衡发展相结合，对已脱贫的 103 个贫困村开展“回头看”，实施脱贫村巩固提升工程，进一步完善交通、水利、通信网络、基本公共服务、环境改善等基

础设施；对 241 个非贫困村，按照“解决八难、实现八有”“缺啥补啥”的原则，每村安排 100 万元，确保不出现新增贫困村；对 376 个村社发展集体经济，每村安排 20 万元补助资金，发展集体经济，80% 以上用于贫困户分红和深度贫困户帮扶，实现村村有产业带动持续增收。二是兼顾贫困户和非贫困户发展。“4+3+X”特色产业发展、农村土坯房改造、人行便道建设、泥结石道路修建等，没有贫困户和非贫困户的界限，真正体现以脱贫攻坚统揽全县经济社会发展，让全体群众感受到扶贫带来的变化，享受扶贫带来的发展机遇，实现共同发展、共同致富。

三、2018——决战冲刺年

2018 年 2 月 27 日，奉节县召开脱贫摘帽决战大会，县委书记杨树海要求“全面部署脱贫攻坚战、发起摘帽总动员、吹响决战冲锋号”。县委副书记、县长祁美文强调：2018 年是奉节县脱贫摘帽的决战决胜之年，所有的工作都要围绕精准扶贫精准脱贫来开展，务必确保如期高质量实现“户脱贫、村销号、县摘帽”目标。

（一）提高政治站位，压实攻坚责任

坚持以脱贫攻坚统揽经济社会发展，将人力、物力、财力向脱贫攻坚集中，将干部主要精力向脱贫攻坚转移，建立横向到边、纵向到底的攻坚责任体系。实行书记、县长双组长责任制，召开全县性扶贫工作大会 5 次，召开脱贫攻坚领导小组会、县委常委会、县政府常务会 31 次，全面贯彻落实中央、市委市政府决策部署。调整充实县攻坚办，组建 8 个专项工作组，与县扶贫办合署办公、一体运行。坚持“牵头抓总、分线运行、各负其责、共建其功”，18 名县委、县政府分管领导分线推进行业扶贫工作。

（二）锁定脱贫目标，猛攻薄弱环节

紧扣“户脱贫、村销号、县摘帽”目标，聚焦精准识别精准帮扶、住房保障、饮水安全三个薄弱环节，全面打响“百日会战”。一是聚焦精准识别。建成“一网覆盖、责任到人、任务明确、一包到底”的网格化管理体系，创新精准识别的工作责任，全县建成2105个网格，落实3664名网格管理员，对贫困户和非贫困户实行网格管理，杜绝漏评和错退。二是聚焦住房安全。坚持应改尽改、应搬尽搬，全面实施唯一土坯房改造、农房收储，形成“小雨不停工、大雨撑雨棚、晚上点油灯、昼夜都要动”的住房改造态势。三是聚焦饮水安全。开展饮水安全问题拉网式排查，建立全县饮水安全问题台账，按照“维修改善一批、搬迁一批、管护一批、新建一批”的原则，分类解决饮水安全问题。

（三）全面精准施策，突出到户到人

按照“六个精准、五个一批”要求，32个行业部门分行业、分条块落实扶贫政策，确保政策精准落实到村到户到人。一是全面加强资金统筹。统筹整合资金25亿元用于脱贫攻坚，确保有钱干事、脱得了贫。二是全面落实产业扶持。围绕“4+3+X”特色产业布局，新发展脐橙1万亩、油橄榄1.5万亩、中药材2万亩等，确保村村有主导产业。为每户贫困户落实2000元到户产业扶持资金，量身定做25种增收模式，确保户户有增收项目。三是全面落实教育资助。建卡贫困户、低保户、孤儿、残疾“四类学生”教育资助实现从学龄前幼儿到大学全覆盖，累计资助12.1万人次。对重度残疾无法随班就读的学生，就近安排教师一对一“送教上门”。四是全面落实医疗救助。构建城乡居民合作医疗保险、城乡居民大病补充保险、民政大病医疗救助、精准脱贫保险、贫困户医疗救助“五张网”，建立3000万元医疗救助基金，实行“一站式”结算。五是全面落实兜底保障。

把建卡贫困对象中人均收入低于保障标准的家庭，全部纳入农村低保；对重病、残疾、无劳动能力的贫困对象，采取低保政策兜底、大病医疗救助、残疾人优惠政策扶持、扶贫资金帮扶“多合一”政策叠加，累计兜底12412人。六是全面改善基础设施。累计实施道路硬化通畅工程1980千米，新建（改扩建）村级便民服务中心82个，新建标准化卫生室78个，标准文化室、村级广播站实现全覆盖。排查整改电力问题89处，建设移动通信基站500个，行政村广播覆盖率、贫困户有线电视入户率达100%。

（四）坚持问题导向，台账销号整改

坚持“七查七到位”“六个全覆盖”“四个结合”，深入开展大走访、大排查、大整改工作。一是入户走访无盲区。按照脱贫攻坚网格化管理体系，开展地毯式走访排查，走访贫困户3454户，脱贫户31570户，非贫困户23.7万户，走访排查做到“家家到、户户落”。二是问题排查无死角。按照纵向到底、横向到边的工作要求，对有脱贫攻坚任务的108个部门、31个乡镇、376个行政村和减贫成效、精准识别、精准帮扶、资金管理等工作环节开展拉网式排查，做到不掉一个部门、不少一个单位、不落一人，不留任何死角。三是问题整改无遗漏。针对国家和市级考核、市大排查第11督导组反馈以及县级自查的问题，制订《脱贫攻坚大排查问题整改方案》文件，建立问题整改台账，逐项落实责任单位，限时整改销号。个性问题整改实现点对点，共性问题整改实现建机制，33个方面96项问题全面得以整改。

（五）聚焦深度贫困，攻克坚中之坚

深入贯彻落实深度贫困地区脱贫攻坚座谈会精神，集中攻坚深度贫困乡镇和深度贫困村。一是聚焦市级深度贫困乡镇平安乡。完成3轮拉网式精准识别排查，新增贫困户 19 户 72 人，整改问题户 238 户。落实资金 5.1 亿元，实施项目 247 个，完成投资 2.5 亿元。聘请中介机构对 247 个扶贫项目全覆盖审计，对扶贫资金全覆盖清理，建立扶贫领域签订廉政责任书制度。二是聚焦县级深度贫困乡镇和贫困村。参照“三高、一低、三差、三重”的标准，识别出 11 个县级深度贫困乡镇、21 个深度贫困村。落实资金 1.73 亿元，全力推进“七大攻坚行动”，为 11 个县级深度贫困乡镇分别安排 1000 万元专项资金，为 21 个深度贫困村分别安排 300 万元专项资金，实施项目 311 个，基础建设、产业发展、环境改善、基层组织等全面加强。三是聚焦深度贫困人口和特殊困难群体。对深度贫困人口和低保户、五保户、残疾人户等特殊困难群体实行重点关注、重点帮扶，全面落实教育、医疗、住房、饮水等“两不愁三保障”政策，对 471 户房屋不安全的深度贫困户实施代建，对 3266 户收入不达标的实行综合性兜底保障，确保深度贫困人口、特殊困难群体同步发展、同步脱贫、同步小康。

四、2019——巩固提升年

“我们都在努力奔跑，我们都是追梦人。”在 2019 年新年贺词中，习近平主席满怀信心寄语亿万人民勇敢踏上追寻梦想的新征程。亲切的话语、殷切的期待、郑重的嘱托，激励着每一个人发扬梦想精神，继续在奔跑中拥抱梦想、成就梦想。心怀梦想、奋力追梦，才能砥砺坚韧意志，激发接续奋斗的责任担当。奉节人民牢记总书记的嘱托，努力奔跑在脱贫攻坚路上，以诗为伴，以梦为马，以“越是艰险越向前”的斗争精神，取得了辉煌的成绩。奉节县确定 2019 年为“脱贫攻坚巩固提升年”，始终保持攻坚状态，聚焦“三个落实”，突出“四个不摘”，落实“十大政策”，全力攻克深度贫困，全面巩固脱贫成效。2019年1月17—22日，奉节县接受贫困县退出市级专项评估验收，抽查30个乡镇，取得“零漏评”“零错退”，退出认可度95.6%的成绩；7月5—12日，接受贫困县退出国家抽查验收，实地抽查复核17个乡镇，实现了“零漏评”“零错退”“问题零反馈”，群众认可度高达98.69%，位处全国抽检的60个贫困县前列，摘掉戴了33年的贫困县帽子，是奉节历史上具有里程碑意义的一年。

（一）聚焦责任落实，不获全胜决不收兵

持续将人力、物力、财力向脱贫攻坚集中，干部主要精力向脱贫攻坚转移。一是推动指挥体系包干和包尽，坚持“牵头抓总、分线运行、各负其责、共建其功”，实行党政主要领导“双组长”制，分管县领导分线推进行业扶贫。二是推动帮扶体系到户和到人，建立县领导包乡、帮扶单位帮村、帮扶干部帮户的帮扶体系，37名县领导定点包干31个有脱贫攻坚任务的乡镇，167个帮扶单位结对帮扶376个有脱贫攻坚任务的村（社区），8052名帮扶责任人结对帮扶贫困户，85名驻乡工作队员、1222名驻村工作队员全脱钩、全脱产、全天候、全身心投入到驻乡驻村帮扶。三是推动责任体系主体和主管，全面压实乡镇（街道）的主体责任、行业部门的行业扶贫责任、帮扶单位的帮扶责任、村“两委”和驻村工作队的直接责任、帮扶责任人的结对帮扶责任，层层签订责任书，人人立下军令状。

（二）聚焦“两不愁三保障”，不漏一户不掉一人

着力解决“两不愁三保障”突出问题，精准落实各项扶贫政策到村到户到人。认真贯彻习近平总书记2019年4月视察重庆和在解决“两不

愁三保障”突出问题座谈会上的重要讲话精神，紧扣“六个环节”，开展4次拉网式排查整改，“两不愁三保障”突出问题实现动态清零销号。2019年9月，奉节县代表全市接受国务院扶贫开发领导小组专项督查，贫困失能人员集中供养、“四访”工作法被督查组作为典型经验上报。一是饮水安全实现“户户净水”，建立健全管护机制，解决和改善21.51万户75.56万人饮水安全，实现村村有活水、户户有净水。二是危房改造构建“安居家园”，完成建档立卡贫困户等农房安全等级鉴定4.7万余户，危房改造实现动态清零。三是易地扶贫搬迁做实“后续文章”，严守面积不超标、负债不超限，加大对搬迁户的后续扶持力度，全年落实715个公益性岗位、135亩菜园地，确保搬迁户稳定就业、持续增收。四是健康扶贫开出“六味药方”，将建档立卡贫困户全部纳入基本医保、大病保险、医疗救助范围，落实资助参保，构建“六重保障、一网清算”医疗救助机制。五是教育扶贫突显“志智双扶”，压实三级网格责任，累计投入4.5亿元改善180所学校办学条件，实现上学方便。

（三）聚焦工作落实，精准发力“精细绣花”

围绕精准识别、精准帮扶、精准脱贫，进一步夯实基础工作，确保脱贫结果经得起历史和群众检验。一是扎实开展扶贫对象动态调整，乡镇主要负责人入户核查新增、返贫、脱贫对象，对辖区扶贫对象排查和数据核实结果“签字背书”，“三保障”部门负责脱贫对象的联合认证，审核把关新增对象。二是扎实开展建档立卡数据核实核准，驻村工作队队长、村“两委”干部、帮扶责任人开展入户信息采集、核准工作，乡镇组建专班，核实和修订疑似问题数据，县级行业扶贫部门负责贫困户帮扶措施、信息数据的比对和审核。三是扎实开展脱贫监测户和边缘户摸底，率先在全市开展脱贫监测户和边缘户的摸底试点工作，探索形成“两摸底”对象返贫致贫风险指标解释，总结形成“十不进”排除条件。

（四）聚焦问题整改，对标销号对表清零

坚持实事求是、从严从实，真改实改、务求实效，整改工作扎实有序推进，整改任务全面完成。一是“一体整改”全面推进，围绕中央脱贫攻坚专项巡视反馈意见、国家和市级脱贫攻坚成效考核反馈问题以及历年来各类督查、巡查、审计等发现的问题，制订“3+11”整改工作方案，坚持目标化、事项化、清单化、时限化、责任化、一体化推进各类反馈问题整改。二是“一个标准”全面销号，坚持全面改、深入改、改彻底、改到位的工作标准，奔着问题去，揪着问题改。截至目前，中央脱贫攻坚专项巡视反馈问题、国家脱贫攻坚成效考核反馈问题等各类整改任务已全部完成。三是“一套机制”全面巩固，建立完善易地扶贫搬迁、扶贫项目招投标、扶贫项目资金监督管理、脱贫攻坚项目库建设、扶贫产业发展、贫困户利益联结等长效机制 34 项，其中新建保障制度 22 项、完善现有制度 12 项，精准防范问题发生。

（五）聚焦协同协作，激发活力凝聚合力

积极主动对接各类帮扶，不断增强脱贫动力。一是东西协作多点开花，山东滨州和奉节两地主要负责人实现互访并召开 2 次联席会议，县委、县政府专题研究东西部扶贫协作工作 12 次，渝鲁协作的 52 项重点任务全面完成。二是定点扶贫纵深推进，召开中央单位定点扶贫工作专题会议 10 次，县委、县政府主要领导分别带队到三峡集团进行对接，分管县领导两次到三峡集团汇报定点扶贫工作。三是集团帮扶倾心倾力。唐良智市长、潘毅琴副市长、欧顺清秘书长先后多次深入平安乡蹲点调研，市级帮扶集团 22 个成员单位主要领导、分管领导先后 197 人次带队到平安乡指导调研、对接帮扶，增派12名市级第一书记；协调支持资金1218.6万元，成员单位直接捐款捐物218.6万元，落实落地项目24个，驻乡驻村工作队积极争取巫开高速在平安设立互通、协调红岩联线规划“平安游击队小镇”，协调奉节县北岸旅游大通道建设，推动互联网医疗建设。四是民企帮村氛围浓厚，106家县内外民营企业主动参与“民企帮村”精准扶贫行动，全县培育致富带头人421名，带动贫困户1619户增产增收，各类社会主体积极参与脱贫攻坚，凝聚强大合力，奏响社会扶贫最强音符。

（六）聚焦资金项目，高质推进高效落实

一是做优“资金池”，按照“因需而整、应整尽整”的原则，2019年整合市级以上财政涉农资金7.05亿元；保持县级财政投入不减，2019年县级预算财政专项扶贫资金投入1.38亿元，同比增长0.27%，全县财政专项扶贫资金投入4.47亿元。二是建好“项目库”，细化“十不纳入”入库负面清单，规范入库程序；组建项目库评审专家组，对入库项目开展综合审查，确保项目和资金精准对接。三是盯紧“进度表”，加快项目建设，实行资金拨付、项目建设“月通报”制度。四是织密“监管网”，制订扶贫项目资金绩效管理实施细则和绩效评价实施方案，常态化开展扶贫资金项目核查，加大对社会经济组织骗取扶贫财政补贴问题集中整治，全面整改扶贫资金审计发现问题，扶贫资金实现安全高效。

五、2020——打造样板年

奉节县在2019年摘掉了33年的“贫困县”帽子，取得了历史性的成就和突破，但脱贫攻坚战不是轻轻松松一冲锋就能打赢的，从决定性成就到全面胜利，面临的困难和挑战依然艰巨。展望2020年，越到最

后越要紧绷这根弦，不能停顿、不能大意、不能放松，要一鼓作气、越战越勇，确保高质量通过脱贫攻坚国家普查，全力以赴打造全国脱贫攻坚样板县，坚决兑现让百万奉节人民与全国、全市一道迈入全面小康的庄严承诺。

（一）攻克堡垒拔穷根

越到最后时刻，越要响鼓重锤。奉节虽然高质量摘掉了贫困县帽子，但并不是最终的胜利，而是进入了“长跑运动”的冲刺阶段。脱贫质量怎么样、小康成色如何，关键是看剩余贫困人口的脱贫质量。全县未脱贫的 1013 户 3046 人中，大病慢病、残疾智障、低保五保等特殊困难群体有 823 户，占比高达 81.24%，都是贫中之贫、困中之困、艰中之艰，都是难啃的硬骨头，必须真抓实干、精准施策，打好“歼灭战”。要坚持精准方略，以脱贫户、边缘户、返贫户、临乡临镇户和疫情户等为重点，动态清零“两不愁三保障”问题，围绕“解八难、建八有”目标，健全预警和干预机制，定期核查、动态监测，精准精细拾遗补缺，绝不降低脱贫标准，绝不影响小康成色。

（二）巩固战果拔穷根

脱贫攻坚容不得片刻停滞，来不得半点虚招，绝不能有缓一缓、停一停、歇一歇的思想。要牢记使命担当，防止松劲懈怠，做到焦点不散、靶心不变、力度不减、工作不松，全面巩固 135 个村、13.37 万人脱贫成果。一是要坚持摘帽不摘责任。继续落实包干包尽的脱贫攻坚指挥体系，持续压实县领导定点包干、乡镇属地主体、部门行业主管、单位结对帮扶、村社直接负责、干部常态对接“六位一体”责任，保持“干部共赴一线、机关只留一人”状态。二是要坚持摘帽不摘政策。聚焦全面建成小康社会指标和深度贫困地区、深度贫困人口，对102项到村到户到人政策分门别类梳理，主要政策措施不能急刹车，保持现有帮扶政策总体稳定，扶上马送一程，精准有效衔接乡村振兴。三是要坚持摘帽不摘帮扶。拓展覆盖城乡小区、楼栋、院坝的网格化体系，坚持驻（乡）村工作队不撤退，继续全脱钩、全脱产、全天候、全身心蹲点帮扶，深化干部联系服务群众“五个一”活动。四是要坚持摘帽不摘监管。抓好巡视、审计、考核、督查等各类反馈问题整改。按照“四位一体”监管体系，严明十条工作纪律、五类正向激励措施、六类追责问责情形，倒逼能力提升，推动工作落实。

（三）转变思想拔穷根

习近平总书记指出，脱贫致富不能等靠要，既然党的政策好，就要努力向前跑。现在还有部分贫困户四肢健全，自甘贫困、不思脱困，只想伸手要、不愿动手干，稍不称心就张口骂，不给实惠就给差评，俨然是扶贫路上的“钉子”。一是思想上要“变”。要加强宣传引导，让群众树立“勤爬苦做光荣、好吃懒做可耻”的观念。二是主观上要“干”。扶贫不是“独角戏”，需要党员干部和贫困群众共同努力。要持续开展“两抓两树”，用群众身边的先进典型教育人、影响人、感召人，激发脱贫内生动力。三是客观上要“能”。要加大贫困户职业技能培训，按照“培训一人，就业一人，脱贫一户”的目标，把实用技能培训作为精准扶贫、精准脱贫的突破口，让贫困群众的底气足起来、钱包鼓起来。

（四）着眼长远拔穷根

脱贫摘帽不是终点，而是新生活、新奋斗的起点。对奉节来讲，要谋划一批强基础、管长远、利大局的民生项目，改变区域格局，激活全域活力，才能从根本上铲除致贫的土壤。一是实施交通大会战。着力畅通内部交通循环，加快区域性综合交通枢纽，启动安张铁路、郑万高铁奉巫支线、万州至巫山南线高速公路、巫奉利高速公路等前期工作，以及奉建高速、高铁站场、港口码头等重点项目建设，实现内畅县域、外通周边、远联全国。二是实施水利大会战。加快启动水利设施空间规划，积极争取将墨溪河大型水库列入国家水利发展“十四五”规划，科学谋划、有序推进 15 个骨干水源工程建设，统筹实施城乡供水一体化和农村饮水安全巩固提升工程，建立从“源头到龙头”的全领域管护体系。三是实施营商环境大会战。全面落实政策举措，持续深化“放管服”改革、“四减”工作和“三查两评一述职”；加快构建市场化、法治化、国际化营商环境，在全市打造世界银行营商环境评价样板城市中走在前列、贡献担当。

第二篇

组织与保障

第一章　坚持党的领导

脱贫攻坚，坚持党的领导是根本。习近平总书记强调，“抓好党建促脱贫攻坚，是贫困地区脱贫致富的重要经验，群众对此深有感触。‘帮钱帮物，不如帮助建个好支部’。要把夯实农村基层党组织同脱贫攻坚有机结合起来。”坚持党的领导，发挥社会主义制度可以集中力量办大事的优势，这是我们的最大政治优势。奉节县始终坚持发挥县委总揽全局、协调各方的作用，落实脱贫攻坚一把手负责制，深入推进党建促脱贫攻坚，着力将组织优势转化为脱贫攻坚优势，以党建引领脱贫、服务脱贫、促进脱贫。

一、坚持抓思想引领，提高政治站位推进脱贫攻坚

习近平总书记关于扶贫工作重要论述，是习近平新时代中国特色社会主义思想的重要内容，开创了马克思主义反贫困理论中国化新境界，为丰富和发展新时代中国特色扶贫开发理论作出了新贡献，为全球减贫

事业贡献了中国方案和中国智慧，是我们打赢打好脱贫攻坚战的根本遵循和行动指南。奉节县深学笃用习近平总书记关于扶贫工作重要论述，毫不动摇地坚持党对脱贫攻坚的领导，实施精准扶贫、精准脱贫的基本方略，贯彻落实全面从严治党要求，牢固树立“让老百姓过上好日子是我们一切工作的出发点和落脚点”的价值追求，确保如期打赢脱贫攻坚这场硬仗。

（一）强化理论武装，对标中央市委要求

奉节全县上下认真贯彻中央、市委部署要求，从加强领导、目标调整、聚焦深度贫困、政策落实等方面深入推进脱贫攻坚工作，取得显著成效。奉节大力度高质量打赢打好脱贫攻坚战，始终把思想武装贯穿始终，学深悟透习近平总书记扶贫重要论述，做到真学真懂真信真用。2019 年 3 月 4 日，奉节县举办学习贯彻“习近平总书记关于扶贫工作重要论述”专题研讨培训班，通过专题研讨和总结交流等方式深学笃用习近平总书记关于扶贫工作重要论述，对标对表落实中央脱贫攻坚专项巡视反馈意见整改工作，把思想武装贯穿始终，把精准方略贯穿始终，把发现解决问题贯穿始终，把责任履行贯穿始终，达到学思践悟，以学促干的目的，确保高质量打赢打好脱贫攻坚战。全县上下深学笃用习近平总书记关于扶贫工作重要论述，从学习抓起、从根本改起，深入开展“学重要论述、强思想武装、促整改落实”专项行动，做到以学促干、以学促改，学以致用、知行合一。奉节县要求全体干部静下心来，力求学有所悟；勤于思考，力求学有所思；联系实际，力求学有所获；要吃透精神实质，把握思想精髓。通过学习，全县干部对脱贫攻坚工作来一次全面对照、全面检查，从论述中找遵循、找指引、找差距，真正把习近平总书记关于扶贫工作重要论述贯穿到脱贫攻坚全过程和各方面，确

保巡视整改工作取得实效，打造践行习近平总书记扶贫重要论述的奉节样板。

奉节县深入学习贯彻习近平总书记关于扶贫工作重要论述，深入学习贯彻习近平总书记视察重庆重要讲话和在解决“两不愁三保障”突出问题座谈会上重要讲话精神，全面贯彻落实习近平总书记对重庆提出的“两点”定位、“两地”“两高”目标、发挥“三个作用”和营造良好政治生态的重要指示要求，坚定落实“打好一场硬仗、用好两个宝贝、做好三件大事、抓好一个根本”的行动指南，加快建设长江经济带上的绿色生态强县和区域性功能中心，奋力谱写新时代奉节经济社会发展新篇章。具体而言，奉节县按照陈敏尔书记对奉节提出的指示要求，走深走实“1231”。持续打好“脱贫奔小康”这场硬仗，紧紧围绕“1486”体系，坚持焦点不散、靶心不变、力度不减、工作不松，坚持摘帽不摘责任、不摘政策、不摘帮扶、不摘监管，深入推进中央脱贫攻坚专项巡视反馈意见整改，全面备战国家抽查，打造高质量脱贫的奉节样板，大力实施乡村振兴战略，确保2020年实现全民小康，全域小康，全面小康。持续用好“生态”和“人文”两个宝贝，守护“一江碧水”，修复“两岸青山”，重点抓好“清水绿岸”工程，大力推进“绿满夔州、花漾奉节”建设，让全县人民过上“三生三宜”的幸福生活；把握“两条脉络”，传承“三种基因”，大力弘扬优秀传统文化；全面打造“三地诗城”，建设“四美奉节”，办好《归来三峡》，发展三峡原乡，打造“六个旅游目的地”。持续做好“产业发展、基础设施、人居环境”三件大事，走好产业生态化、生态产业化的路子，推进城乡一体化，打造美丽山水城市、三峡腹心综合交通枢纽，建设区域性功能中心。持续抓好“党的建设”这个根本，牢树“最大政绩”“首要之责”理念，坚持一切工作见政治，旗帜鲜明讲政治，一切行动听指挥，一举一动显忠诚。持续抓好基层党建、基层组织、基层党员、基层治理，不断壮大基层党组织、村民自治组织和集体经济组织，推动党风、政风、社风“三风”向好。

（二）树立必胜信念，展现奉节担当作为

时之所至，势之所成。奉节县深入学习贯彻习近平总书记视察重庆重要讲话精神和市委五届六次全会精神，对标“三个作用”发挥，守初心、担使命，找差距、抓落实，统一思想、重整行装，聚焦脱贫攻坚，展现奉节担当、体现奉节作为。

2017 年 8 月 24 日，奉节县召开深化脱贫攻坚工作会，县委书记杨树海强调，脱贫攻坚是发展机遇，要只争朝夕，乘势而上，坚持以脱贫攻坚统揽经济社会发展全局。他要求，要抓住用好这个重大历史机遇，以超常规举措狠抓脱贫攻坚，奋力走出一条符合中央要求、契合市委安排、切合奉节实际的脱贫攻坚新路。一是抓好农村基础设施建设，做好路、水、电、讯、房和环保等“六件事情”；二是抓好重大产业转型升级，实现产业覆盖、链条带动、利益联结、集体经济发展等“四个 100%”；三是抓好重大民生事项改善，把握“一达标两不愁三保障”三个关键；四是抓好重大改革项目落地，在农业农村改革、“互联网 +”改革、“放管服”改革等方面取得突破。要将脱贫攻坚这个系统工程抓细抓实精准落地，坚持以党建引领来提升群众满意度，狠抓基层党建、基层组织、基层党员和基层治理“四基建设”，紧扣基层基础规范化建设这个抓手，将党建引领转化为扶贫优势、攻坚动力，围绕“六项专项治理”，积极探索基层服务模式、自治模式、共管模式；狠抓公开、公正、公平、公信“四公管理”，用好公开、召开群众会及基层走访和建立群众档案“四招”，获得群众的信任和支持；狠抓“七大行动”，对深度贫困乡镇、深度贫困村实施稳定脱贫提升行动、基础设施提升行动、产业扶贫提升行动、

生态保护提升行动、人口素质提升行动、公共服务提升行动和村“两委”提升行动。

2018 年 2 月 27 日，奉节县召开脱贫摘帽决战大会，县委书记杨树海在讲话中强调，全县上下必须提高政治站位，深化思想认识，把作战信号传到每个“战区”，进军号令下到每个“战士”，冲锋旗帜插到每个“堡垒”，以更加昂扬奋进的精神状态，向脱贫攻坚发起总攻。全县各级各部门要把人力、物力、财力向脱贫攻坚集中，把所有干部的主要精力向脱贫攻坚转移，严格实行扶贫工作团长挂帅、联系部门主抓、分管领导常驻、单位全体职工集中攻坚，扶贫工作团长、部门主要负责人要确保每月到所帮扶乡镇住四晚以上，集中攻坚期间要有“干部共赴一线、机关只留一人”的攻坚状态，驻村工作队要全脱产、全脱钩、全天候、全身心投入，充分保证时间，抓实抓细工作。要舍得“一身剐”，不惜“哭几场”，出尽“透身汗”，真抓实干，大干快上，全面冲刺，务必兑现庄严承诺，以最大决心打好这场输不起的硬仗，确保如期“脱贫摘帽”。

2019 年 7 月 3 日，县委书记、县脱贫攻坚工作领导小组组长杨树海主持召开脱贫攻坚工作领导小组 2019 年第八次会议，审议并通过了《奉节县迎接贫困县退出抽查工作方案》。会议强调，全县上下要深入学习贯彻习近平总书记关于扶贫工作重要论述和视察重庆重要讲话精神，按照市委、市政府的部署要求，以坚定的战斗意志、周密的迎检准备、强大的组织领导，夺取脱贫摘帽的全面胜利，以一域之光为全局添彩，以优异成绩向新中国成立 70 周年献礼。

回望这几年，全县干部群众心往一处想、劲往一处使，干出了新气象、实现了新作为、换来了新天地。全县脱贫攻坚实现“00099”目标，高质量摘掉戴了 33 年的贫困帽子；“八到户八到人”“四访”等经验走向全国；“六项专项治理”理顺了群众情绪，融洽了干群关系，群众满意度大幅提升；经济运行稳中有进、态势向好，成绩喜人。全县经济社会发展成效得到了组织认可、考核认证、群众认账、周边认同。

二、坚持抓党委履职，强化政治领导力，推进脱贫攻坚

习近平总书记指出，凡是有脱贫攻坚任务的党委和政府，都必须倒排工期、落实责任，抓紧施工、强力推进。特别是脱贫攻坚任务重的地区党委和政府要把脱贫攻坚作为“十三五”期间头等大事和第一民生工程来抓，坚持以脱贫攻坚统揽经济社会发展全局。各级党委和政府必须把打赢脱贫攻坚战作为重大政治任务，增强政治担当、责任担当和行动自觉，层层传导压力，建立落实台账，压实脱贫责任，加大问责问效力度。在脱贫攻坚工作中，奉节始终坚持党政一把手负总责的工作责任制，坚定信心、勇于担当，把脱贫职责扛在肩上，把脱贫任务抓在手上，构建一级抓一级、一层管一层的压力体系，通过顶层推动、上压下行，将脱贫攻坚工作层层延伸。

（一）坚持上下同步，答好“党建三问”

2014 年 10 月 8 日，习近平总书记在党的群众路线教育实践活动总结大会上谈到党建工作时连发三问，“是不是各级党委、各部门党委（党组）都做到了聚精会神抓党建？是不是各级党委书记、各部门党委（党组）书记都成为了从严治党的书记？是不是各级各部门党委（党组）成员都履行了分管领域从严治党责任？”习近平总书记的“党建三问”振聋发聩，催人深思，为加强党建引领脱贫攻坚提供了根本指引。奉节县委坚持把抓党建作为最大政绩，以人民满意为最高标准，带头“聚精会神抓党建”，主持召开 24 次县委常委会议，系统研究党建工作，深入 132 个村（社区）、

企业、学校、医院调研解剖基层党建，探索“四基党建”，构建“四责链条”。自觉“从严治党当书记”，推行各领域党建任务“三张清单”管理，开展党组织负责人电视问政45人次，约谈党组织负责人89人次。实行民意调查升降幅度考核，把基层党建考核“一天的事”变成“一年的事”。督促“分管履行一岗双责”，分两轮与36名市管领导干部交心谈心，听取32个乡镇部门全面从严治党工作汇报，实行“党委和分管同汇报、纪委和常委同点评、述责和评议同跟进”。

（二）坚持内外兼修，兑现“三个确保”

奉节县全面贯彻党的十九大精神，坚定自觉地把习近平新时代中国特色社会主义思想作为思想上的源头活水，坚决落实市委“三个确保”政治承诺。打好“两学一做”学习教育持久战，开展县委理论中心组学习19次，扎实推进“兴调研转作风促落实”行动，708名县管干部“回乡回访、讲政策讲变化、解民怨解难题”，教育引导广大党员干部一切行动听党中央指挥、向总书记看齐。打好“激励干部担当作为”组合拳，坚持“领导起于基层，干部来自一线”，提拔重用脱贫攻坚一线干部89人。开展干部作风督察、重大项目稽查、脱贫攻坚巡察和评最差服务部门、最差服务科室，做到中央有部署，市委有行动，奉节有落实。打好“净化政治生态”主动仗，严格落实三会一课、支部主题党日等制度，建立健全意识形态工作“1+6”制度，集中整改官僚主义、形式主义。

（三）坚持点面结合，聚焦“三化破题”

奉节县聚焦基层党组织弱化、虚化、边缘化问题，着眼“政治功能、服务功能”，全面提升基层组织规范化建设，深化“三规范一明确一严格”工作体系，落实28项基本制度。探索“户情民情、公开公示、评选活动、关心关爱”线上线下同步互动，让支部威信积累起来、地位巩固起来。着手“强化基层、巩固基础”，优化提升基层党员干部队伍，调整村党组织书记29人，按规定停止31名失联党员党籍，转接108名退伍党员军人组织关系。坚持“抓两头带中间”，建设党建强村50个，转化提升软弱涣散党组织50个，每年安排800万元激励先进村。着力“全面进步、全面过硬”，带头落实双重组织生活制度，严格党员干部讲党课、在职党员进社区等制度；推动市管干部集中走访民营企业199家，向1104个非公组织选派党建指导员，“两个覆盖”分别达87.5%、73.4%；对标35项重点任务抓国企党建，落实党组织领导下的医院院长负责制，98%的中小学校党组织书记、校长“一肩挑”。

（四）坚持全程引领，落实三维“党建+”

奉节充分发挥党建的引领和统揽作用，使党建既“无处不在”，又“实实在在”。强化“党建+脱贫”，狠抓党建促脱贫攻坚、促乡村振兴，落实165个帮扶单位、376个驻村工作队、8052名帮扶责任人结对帮扶。创新网格化管理，落实2105个网格、3664名网格员，一网覆盖、一包到底。突出“党建+改革”，坚持把党组织建在产业链上，深入开展农村“三变”改革，围绕“两出两进”，推进“两确权两到位、两集中两转变”，全面消除集体经济“空壳村”。坚持党管人才，出台人才激励措施十条，引进各类人才667名，成功入选全国首批创新型县建设名单。狠抓“党建+治理”，坚持有黑扫黑、无黑除恶、无恶治乱、无乱强基，持续开展“六项专项治理”，实施“民生之声”网络问政，开展“四访四议”对31.04万户群众反复走访，推动农村共建共治共享，切实提升群众知晓度、参与度和满意度。

三、坚持抓基层党建，巩固战斗堡垒推进脱贫攻坚

2017年，习近平总书记中央农村工作会议上强调：办好农村的事情，实现乡村振兴，关键在党，必须加强和改善党对“三农”工作的领导，切实提高党把方向、谋大局、定政策、促改革的能力和定力，确保党始终总揽全局、协调各方，提高新时代党领导农村工作的能力和水平。

（一）夯实筑牢基层基础

“基础不牢，地动山摇”。奉节县深学笃用习近平总书记关于扶贫工作重要论述，牢牢把握党建引领脱贫攻坚工作，把扶贫开发同基层组织建设有机结合起来，树立“围绕扶贫抓党建，抓好党建促扶贫，检验党建看脱贫”的理念，充分发挥基层党组织的战斗堡垒作用和党员的先锋模范作用，把加强基层组织建设作为打赢脱贫攻坚战的关键，夯实战斗堡垒，打造脱贫攻坚火车头。奉节县持续狠抓基层党建、基层组织、基层党员、基层治理，建立“三规范一明确一严格”基层基础规范化体系；坚持“两抓两树”，打造示范标杆，将135个贫困村、62个非贫困村纳入后进村整顿；深入开展“六项专项治理”，推动“两回两讲两解”“四访四议”，切实提高群众满意度，为打赢脱贫攻坚战提供了坚强有力的组织保证。

（二）选优配强干部队伍

2017年2月21日，中共中央政治局就我国脱贫攻坚形势和更好实施精准扶贫进行第三十九次集体学习。习近平总书记指出，要加强基层基础工作，要加强贫困村两委建设，深入推进抓党建促脱贫攻坚工作，选好配强村两委班子，培养农村致富带头人，促进乡村本土人才回流，打造一支“不走的扶贫工作队”。村两委班子是脱贫攻坚举措的实践者，村委会是

村民自我管理、自我教育、自我服务的基层群众性自治组织，村级领导班子是农村各种组织和各项工作的领导核心，其职责就是宣传贯彻党的政策，引领村民践行党的各项重大举措。奉节县按照“帮钱帮物，不如帮助建个好支部”的要求，切实加强贫困村“两委”建设，充分发挥基层党组织的战斗堡垒作用，增强基层党组织的作战能力。同时，在抓党建促脱贫攻坚中坚持立足长远，自力更生，大力实施内源扶贫，充分重视贫困地区党员干部在脱贫攻坚工作中的主体地位与能动作用，积极开展“双向培养”活动，把村干部和广大党员培养成脱贫致富带头人，把脱贫致富带头人培养成党员或村“两委”后备干部，从而打造一支立足本土、坚持奉献的扶贫工作队，为脱贫攻坚提供源源不断的动力。奉节县认真贯彻落实《关于做好选派机关优秀干部到村任第一书记工作的通知》，坚持“第一书记既是中央政策的落点，又是精准脱贫的支点，还是精准脱贫中联通上下的中坚力量”，严格选派第一书记，全面保障第一书记工作，真正做到了“住下来”“帮起来”“严起来”。奉节高度关心爱护基层一线扶贫干部，让有为有位、吃苦者更香、流汗流血牺牲者流芳，激励他们为打好脱贫攻坚战努力工作。

第二章　振兴组织网络

习近平总书记强调：“加大组织领导力度。深度贫困地区脱贫攻坚要强化落地，吹糠见米，做到人员到位、责任到位、工作到位、效果到位。解决深度贫困问题，加强组织领导是保证。”奉节县用心学习、用情领悟、用力落实总书记重要讲话精神，紧紧围绕组织保障、协作协同、乡村振兴三大抓手，构建起全力量、全覆盖、全天候的组织网络，为打赢脱贫攻坚提供了根本保障。

一、打赢脱贫攻坚战，组织领导是保证

（一）抓住牵牢“牛鼻子”

奉节县始终把组织振兴作为脱贫攻坚的“牛鼻子”抓住抓牢不放，脱贫攻坚不仅是头等大事、首要政治任务，也是重大发展机遇，还是重要治理平台。一是紧盯“一个目标”。全县各级党委政府、企事业单位、社

会团体及 31 个乡镇指挥部、165 个帮扶单位、376 个驻村工作队、驻乡驻村干部 1307 人、8052 名帮扶责任人，时刻谨记习近平总书记关于“脱贫攻坚这个任务不轻”的嘱托，以脱贫攻坚统揽经济社会发展全局，围绕“两不愁三保障一达标”“解八难、建八有”，设定时间杠子倒排期限，锁定关键节点抢抓进度，全面聚焦深度贫困区域和特殊困难群体精准发力，在强大的组织体系保障下，2018 年底实现 135 个贫困村全部退出销号，贫困群众精神面貌焕然一新。二是健全“四大体系”。奉节县建立健全了指挥、帮扶、责任、监督四大体系。实行书记、县长“双组长”制，构建县乡村三级包干和包尽的指挥体系；全县干部全面动员，驻乡驻村工作队员全脱钩、全天候、全身心、全覆盖，确保不留死角，建立到户和到人的帮扶体系；探索创建网格化管理，层层压实攻坚责任，形成主体和主管的责任体系；深入开展扶贫领域腐败和作风问题专项治理，构建日常巡察、定期暗访、业务督导、交叉检查“四位一体”督查体系，筑牢执纪和问责监督体系。三是推动“八个到位”。全县上下对标精准方略，下足绣花功夫，推动各帮扶责任人全面落实“干部到户见面到人、宣传到户引导到人、政策到户落实到人、问题到户解决到人、产业到户收入到人、帮扶到户志智到人、环境到户文明到人、效果到户满意到人”的要求，对 31.04 万户群众循环往复走访，直到问题解决、群众满意。四是攻克“六项重点”。聚焦精准帮扶、住房保障、饮水安全、人居环境、干部作风、群众认可度“六项重点”，严格动态管理，确保扶贫底数明、贫困对象清；坚持“应改尽改、应搬尽搬、应收尽收”原则，实现户户住上安全房屋；采取“维修、搬迁、管护、新建”四种方式，分类解决饮水安全问题；制定美丽乡村“三个六”建设标准，开展“清洁家园·和谐邻里”活动，打造新时代文明实践中心“积分银行”，显著改善农村人居环境；出台脱贫摘帽十条纪律，推动干部作风持续向好；开展“干群心连心”十大惠民行动，提升群众认可度。

（二）筑牢建强“指挥部”

习近平总书记指出：“基层党组织能力强不强，抓重大任务落实是试金石，也是磨刀石。”上面千条线，下面一根针。基层党组织是打赢脱贫攻坚工作的坚实堡垒，是落实总书记“为人民谋幸福”的“最后一公里”。

一是选好“领头雁”，配强“带头人”。奉节自进入脱贫攻坚决战决胜期以来，实施带头人队伍整体优化提升行动，集中研判村级班子和第一书记履职情况，优化调整村党组织书记29人、第一书记36人、专职干部96人，严格村干部人选资格审查，处理有前科劣迹村干部32人；每年安排800万元绩效考核资金激励先进村，开展人才调查摸底，广发“英雄帖”，吸引85名大中专毕业生到村挂职，708名优秀人才纳入后备管理。

二是把准“入口关”，树好“一面旗”。奉节县委组织部突出政治标准发展党员，实行县、乡、村“三级”联审，取消不符合条件发展对象5人。全覆盖审核党籍材料，约谈相关责任人9名。打造“三峡之巅、党员争先”品牌，实行积分管理、评星定级，推动党员时时亮身份、处处带好头、事事我先干。聚焦以城带乡，落实165个帮扶单位、376个驻村工作队、8052名帮扶责任人结对帮扶。

三是坚持“抓两头”，树立“好标杆”。在县委组织部的督查过程中，排查、确定软弱涣散村党组织43个，整合市管领导、乡镇党委、驻村工作队和组工干部“四支队伍”，任务一月一布置，进度一月一盘点，全部实现转化提升。坚持“抓示范、抓典型、树榜样、树模范”，建设组织振兴“示范点”50个，2018年召开现场会42场次，兴隆镇六垭村、朱衣镇砚瓦村等典型经验被《重庆日报》等媒体广泛报道，有效发挥示范带动作用。

四是突出“规范化”，提升“组织力”。实施“基层基础规范化建设提升行动”，全面推行“三规范一明确一严格”管理体系，优化完善28项基本规范，基层组织规范化、标准化水平全面提升。聚焦服务群众痛点，全面推行“四访四议”“公示公开六个一”等便民服务制度，让群众经常见得到干部、有事找得到组织，推动公开向村民小组、农家院坝延伸，以公开促公正，以公正助公平，以公平树公信。

五是围绕“强治理”，完善“新体系”。坚持以党建引领基层治理，巩固发挥村党组织的领导核心地位，建立完善“党组织 + 村委员会 + 理事会 + 监委会”的基层治理体系。大力开展“清洁家园 · 和谐邻里”活动，对全县390个村规民约逐一审查，指导完善，因地制宜组建红白理事会、基础设施管护理事会、环境卫生理事会等不同类型的群众自治协会近1400个，常态开展“遵纪守法户”“清洁户”“文民户”等评选，有效传递正能量，建设好乡风。

（三）选好育好“火车头”

习近平总书记强调：“打好脱贫攻坚战，关键在人，在人的观念、能力、干劲。贫困地区最缺的是人才。”奉节县在脱贫攻坚的组织体系建设中，优选优用优待基层扶贫干部、党员，为奋进在脱贫奔小康大道上的人民群众选好“火车头”，启动加速度。

其一，选优配强村级干部队伍。一是选优。出台《奉节县农村带头人队伍整体优化提升行动实施方案》，明确13条加强村干部队伍建设措施，细化村党组织书记任用“七不提名”负面清单，严把入口关。会同各乡镇党委，对全县390个村级班子全覆盖摸排分析，建立问题台账，突出解决村干部特别是党组织书记不齐不强问题，累计调整村党支部书记29人。二是训强。由县委党校坚持每年对村（社区）党组织书记开展

1 次集中轮训，鼓励村干部提升学历水平，支持 100 名村干部开展大专学历教育。明确乡镇联系村领导和驻村第一书记“帮带”村党支部书记职责，帮助在实践中增长才干。三是严管。严格执行村（社区）党组织书记县级备案管理规定，坚持任前联审、变动报告、任职报备，让县级管理贯穿任免全程。实行岗位目标责任制，严格实行“双述双评”年度考核制度，全面抓好村（社区）干部及其近亲属享受惠民惠农政策“十公开”，抓好纪律和廉洁风险提醒。四是厚爱。落实市委组织部《关于加强村（社区）组织运转经费保障工作的通知》，加大财政投入，村级组织办公经费、服务群众专项经费提高一倍，村（社区）干部误工补贴增幅超过 30%，出台养老保险补贴政策，每年安排 800 万元专项资金用于村（社区）干部绩效考核，落实面向村“两委”主要负责人招录乡镇公务员政策，出台面向村干部和本土人才招聘乡镇事业单位人员政策，有力激发干事创业热情。五是储备。建立村级干部后备库，将 708 名农村优秀后备人才纳入管理，持续回引本土大中专毕业生回乡创业，372 个村和农村社区长期保持 1 名本土人才在村挂职。制定《2018—2020 年党员发展规划》，确保贫困村每两年发展 1 名党员、非贫困村每 3 年发展 1 名党员。

其二，加强驻村人员选派管理。一是突出选优派强。严格按照市委、县委要求，坚持因村精准派人，将驻村扶贫作为培养干部、发现干部的主战场，在各级各部门遴选 89 名优秀干部，派驻到 31 个有脱贫攻坚任务的乡镇（街道），遴选 1213 名驻村工作队成员，派驻到全县 376 个有脱贫攻坚任务的村（社区），实现了驻乡镇（街道）工作队和驻村（社区）工作队全覆盖。全县 8052 名党员干部与贫困群众结成对子，确保帮扶不漏户、户户见干部，倾情送温暖、解疑难，极大提升党组织凝聚力向心力。二是突出规范管理。奉节县出台系列文件，修订明确驻乡镇（街道）工作队“完善扶贫规划、统筹驻村帮扶、推动政策落实、开展宣传动员、加强信息沟通”五方面职责；驻村（社区）工作队“建强基层组织、推动精准扶贫、为民办事服务、提升治理水平”四方面责任；出台“经济激励、荣誉鼓励、评优倾斜、组织重用”四大激励措施；出台“严肃脱贫摘帽工作纪律10条”，全面实行离岗请假、下村签到、工作纪实、去向公示等制度，规范驻村管理。三是突出常态督察。建立“每单月乡镇（街道）全覆盖，每双月村（社区）全覆盖”督查机制，抽调精干力量成立2个暗访督查组，采取不定路线、入户走访的方式，坚持每天开展督察，确保他们在岗位、在状态。四是突出保障支撑。按5万元/年、3万元/年、2万元/年的标准，为每个驻乡镇（街道）工作队、贫困村工作队、非贫困村工作队落实工作经费，统一为每位驻村工作队员购买人身意外伤害保险，明确驻村（社区）工作队成员交通、生活等补助发放标准。

二、打赢脱贫攻坚战，督查考核是保障

2018年3月30日，习近平总书记主持召开中共中央政治局会议，指出“实行最严格的考核评估制度是打赢脱贫攻坚战的重要保障。离脱贫攻坚目标实现期限越近，任务越艰巨，越要实行严格的考核评估。”

考核不仅是抓工作、促发展、转作风的重要抓手，也是推动工作任务落实、干部履职尽责的有效制度保障。奉节县委、县政府深入学习贯彻习近平总书记扶贫重要论述精神，坚持贯彻落实精准扶贫、精准脱贫基本方略，紧盯全面建成小康社会这个目标，充分发挥考核“指挥棒”作用。把考核作为工作落实的“助推器”，把考核作为检验干部的“试金石”，把考核作为一个单位的“衣帽镜”。严格考核评估，改进完善

考核评估机制，通过创新考核方式方法，认真解剖、细化、落实，找到优势、找准短板，明确着力点、增长点、突破点，用较真碰硬的考核，促进真抓实干。

（一）统筹安排，强化考核抓结果

脱贫攻坚工作是全面建成小康社会的重要组成部分，也是完成“两个一百年”伟大目标的必然要求。要如期打赢脱贫攻坚战，就要切实提高对脱贫攻坚工作的考核力度，完善考核激励制度，优化考核评价体系，让扶贫干部感受到脱贫攻坚战的压力，提升脱贫攻坚干部的工作积极性，以切实有效的工作措施，把群众收入提上去，让贫困人数降下来。

其一，建章立制，健全目标责任考核体系。一是制定考核办法。按照奉节县脱贫攻坚实际，制定《奉节县乡镇党委和政府脱贫攻坚工作成效考核办法》，对有脱贫攻坚任务的31个乡镇（街道）党委（党工委）和政府（办事处），县级各部门（含驻奉单位）实施考核。二是划定考核指标。根据工作实绩和帮扶成效，对乡镇（街道）、部门分别划定考核指标，实行百分制。其中乡镇（街道）分数由工作指标、脱贫验收指标两个部分构成。工作指标依据减贫成效、精准识别、精准帮扶、扶贫项目资金管理、扶贫政策落实五个方面实施。脱贫验收根据贫困县退出评价检查情况折算得分。22个重点行业扶贫部门分数由结对帮扶乡镇脱贫成效考核、行业部门年度目标任务完成情况、结对帮扶三个部分构成。除22个重点行业扶贫部门以外的其他部门分数，由结对帮扶乡镇脱贫成效考核、结对帮扶两部分构成。三是实行一票否决。建立针对性强、导向明晰的考核内容和考核指标体系，对未完成年度贫困人口脱贫计划、乡镇（街道）贫困发生率超过3%、贫困人口漏评率超过2%、脱贫人口错退率超过2%、群众认可度低于90%实行“一票否决”，并严格实施考核问责办法。

其二，跟踪协调，加大督促指导力度。一是强化作风要求。出台最严十条，乡镇指挥长、县级部门主要负责人每月到帮扶乡镇蹲点 4 天以上；驻乡、驻村工作队必须全脱钩、全脱产、全天候、全身心开展帮扶工作；乡镇干部（城区除外）一律禁止“走读”；帮扶责任人每月走访结对帮扶贫困户不少于 4 次，每次不少于 2 天；行业扶贫部门必须全面完成脱贫攻坚年度工作任务；高密度、全方位开展督察、检查、抽检，对违反工作要求和相关规定的，乡镇和部门干部一律实行逆向调动，县管领导干部一律实行组织处理；乡镇党委主要负责人在脱贫攻坚中被免职的，免职不免责；脱贫攻坚实行县级行业扶贫主管部门和乡镇捆绑问责、联动考核、有责共担、失责共究，实行责任一体化处理；县纪委监委加强扶贫执纪监督和问责处理等。二是开展蹲点督导。将全县 31 个有脱贫攻坚任务的乡镇（街道）划分为 5 个片区，每个片区落实 1 个督导小组，实行包片负责制，进行全覆盖全天候蹲点跟踪督导。重点围绕督察发现问题整改情况、“三率一度”落实情况、精准帮扶责任落实情况等 8 个方面内容开展，并要求每个片区召开一次问题交办现场会，由组长现场交办问题清单，限定整改时限。

其三，奖惩分明，强化考核结果运用。一是将扶贫考核与干部考核挂钩。将考核结果作为领导班子调整配备和干部选拔任用的重要依据；加大治懒治庸力度，建立驻村扶贫工作人员召回制度，严格扶贫考核督查问责，对评议考核排名靠后的乡镇街道党委（党工委）书记进行约谈问责，对不胜任的干部坚决予以调整，以精准公正的考核措施倒逼干部落实责任、真抓实干。二是将扶贫考核与社会实绩考核挂钩。扶贫开发工作成效考核结果由县脱贫攻坚领导小组办公室进行汇总审查后报县脱贫攻坚领导小组审定，考核结果作为经济社会发展实绩考核的重要依据，有效传导压力，激发动力。

（二）强化督察，从严从细促落实

扶贫督查，是推动脱贫攻坚决策部署落实的关键一环。只有杜绝形式主义作风，深入基层，实事求是，才能真正了解广大扶贫干部的扶贫业绩，才能最大程度上激发奋战在扶贫一线干部的热情，发现真正的优秀榜样式扶贫干部，使国家精准扶贫见真章，出实效。奉节县全面落实中央和市关于脱贫攻坚的决策部署，坚持“围绕目标、问题导向、聚焦落实、严肃问责”的原则，开展有针对性的督促检查和监督察验，限时抓好整改，推动责任落实，完成减贫任务，坚决打赢打好脱贫攻坚战。

其一，创新“六项督察”。一是综合督察。每月制订督查工作方案，由督察考核组、驻村管理组、执纪问责组协调联动，坚持问题导向，围绕督察内容进行全范围、常态化的入户抽查、实地调查、随机核查，着力发现问题，全程录音录像，具体情况于当天督察巡察结束后及时反馈坐班工作人员，建立问题清单。二是业务督导。县攻坚办及其各工作组负责对24个重点职能部门和31个乡镇（街道）的业务督导和典型解剖，有关重点职能部门负责对31个乡镇（街道）的业务督导和典型解剖，县委组织部负责结对帮扶单位、驻村工作队的业务督导和典型解剖。每两个月县攻坚办及其各工作组对重点职能部门和乡镇（街道），县委组织部对结对帮扶单位、驻村工作队进行一次评价；重点职能部门和乡镇（街道）进行一次互评。三是领导暗访。以县脱贫攻坚领导小组领导和乡镇（街道）脱贫攻坚指挥部指挥长为主体，对各级各部门工作进行随机抽查督导。督察考核组负责收集领导暗访问题清单，联合驻村管理组、执纪问责组，集中开展问题整改落实情况暗访。暗访采取不打招呼、不找干部带路、不明确具体时间和形式的方式进行，对存在的问题，坚持做到应看必看、应问必问、应查必查。四是交叉检查。每两个月制定工作方案，由乡镇（街道）脱贫攻坚指挥部指挥长、驻乡（镇）工作队长或其他领导担任组长，抽调人员组成乡镇（街道）和行业扶贫工作部门检查组，开展脱贫攻坚交叉检查（专项检查），对所检查乡镇（街道）暨脱贫攻坚指挥部、重点职能部门打分排名。检查发现的问题反馈督察考核组集中交办，定期暗访整改落实情况。四是帮扶督察。建立健全定期培训、工作例会、下村签到、工作报告、日常纪实、全天候驻村、请假审批等管理制度，对驻村帮扶工作常态化开展分片督导、联合检查、专项督查，实行“每日督查、每周通报、每月评分、双月排名”工作机制，通过流动红旗嘉奖、黄牌警告亮相，对不胜任的驻村干部及时召回、追责问责，切实传导压力、夯实责任。五是行业督察。24 个重点行业扶贫部门制订工作方案，通过报表、实地调研等方式对本部门扶贫任务进行跟踪督办，每两月对有扶贫任务的 31 个乡镇（街道）工作完成情况进行打分，分数进行折算计入“双月排名”总分数。六是乡镇自查。抽调个人素质高、业务能力强的镇村干部深入村（社区）开展大排查大走访，做到“村不漏户、户不落人”，通过“看、问、听、答”等方式，详细了解每位群众家庭基本情况和困难诉求。每天召开问题收集和研判会议，逐个分析、研判排查出的问题，并落实分管领导、驻村工作队、村支两委成员和网格责任人整改责任，明确整改时限，要求限期整改到位。

其二，增强“三项素质”。一是业务学精。编制《脱贫攻坚督察考核资料汇编》，定期进行组内知识测试，要求督察人员学懂学精住房、医疗、饮水、教育及精准识别等扶贫业务，全程模拟国家第三方评估验收开展督察工作。二是问题找准。5 个督察小组实地进村入户，对照十看标准查找问题，围绕 20 个要素详细了解和记录情况，对存在的问题，通过汇总校核、研判比对、集体会商、评判复核等 8 道程序准确定性、统一交办、限期整改、跟踪销号。三是作风过硬。督察考核组一视同仁抽取对象，一个标准实地暗访，一个口子交办问题，一条杠子明确时限。督察小组不打招呼，不找人带路，直接进村入户，深入了解真实情况，原汁原味反馈问题。对研判不到位、整改不彻底的，按规定交执纪问责组对相关责任人严肃追责，通过督察，倒逼责任，推动落实。

其三，建立“四张清单”。一是问题清单。对督察小组督察问题建立清单，如2018年对全县有脱贫攻坚任务乡镇（街道）和行业扶贫部门开展督察11次，进村入户走访群众8196户，印发《督察快讯》23期，向被督查单位反馈问题1469个（其中，乡镇和街道1394个，县级部门75个）。二是整改清单。对照发现的问题建立整改清单，逐一明确整改责任和整改时限，要求限期整改，适时跟踪复核。三是日调度清单。实行每日问题调度机制，对日调度收集的问题和困难，实行台账管理，统一交办相关职能部门予以研判、解决。如2018年，共收到乡镇（街道）日调度问题1062个，返回乡镇（街道）自行解决311个，向行业部门交办问题751个，收到部门回复717个，通过书面答复、点对点答复、现场解答方式回复乡镇（街道）问题710个。四是暗访清单。对全体市管领导暗访发现的问题进行全面收集，统一交办。

其四，确保督察实效。一是严格问责。严格执行县委“一月一督察、两月一排名”的要求，实行乡镇（街道）脱贫攻坚指挥部、乡镇（街道）、驻乡（镇）工作队、结对帮扶单位、村（社区）及驻村工作队捆绑排名，督察考核结果交由执纪问责组，对排名靠后的单位和个人按照有关规定严肃问责。二是定期通报。每月督察通报在《夔门报》、奉节网等县内媒体公布，两月排名乡镇（街道）及脱贫攻坚指挥部和重点职能部门，前三位授予流动红旗，后三位给予黄牌警告；全县各结对帮扶单位，135个贫困村、241个非贫困村及其驻村工作队，前五位授予流动红旗，后五位给予黄牌警告。排名倒数第一的乡镇（街道）、部门、结对帮扶单位、村及驻村工作队的主要负责人及工作队队长在双月督战会上作表态性发言。三是捆绑考核。两月督察排名情况作为乡镇（街道）暨脱贫攻坚指挥部、重点职能部门、结对帮扶单位、村（社区）及驻村工作队年度综合考核的重要依据，所占分值为脱贫攻坚工作年度综合考核的40%。四是考训结合。2018年召开3次共8000人次的全县性扶贫业务培训会，组织2次扶贫业务闭卷测试，考试成绩全县通报，不合格人员一律补考，督促各级干部熟练掌握运用扶贫政策。开展分级分类培训，举办精准扶贫专题培训班，完成村（社区）支部书记、村（居）委会轮训。

（三）突出整改，走深走实回头看

奉节县严格按照县委落实中央脱贫攻坚专项巡视反馈意见整改工作方案，持续聚焦纪检监察机关监督职责，履行好监督执纪问责职责，深入开展巡视整改专项治理工作，强化对党员干部在扶贫领域腐败和作风问题专项治理工作中执行党的政治、组织、财经、作风等各项纪律的日常监督检查，进一步提高政治站位，举一反三，推动中央脱贫攻坚专项巡视反馈问题真改实改，建章立制，确保中央脱贫攻坚专项巡视反馈问题改得全面、改得彻底、改出成效。

一是强责任、重质量。成立巡视整改领导小组，领导小组下设办公室。结合县委整改方案，限期制订并印发《落实中央脱贫攻坚专项巡视反馈意见县纪委监委整改落实方案》，严把质量关，严禁乡镇（街道）依葫芦画瓢、照搬照抄县委和县纪委监委巡视整改方案，全县33个乡镇（街道）已全部出台整改方案，确保整个巡视整改工作不走过场、不做花架子，切实查摆自身存在的问题。层层压实整改责任，任务分解到科室，责任明确到人头，迅速展开落实中央脱贫攻坚专项巡视反馈意见整改工作。

二是强理论、重学习。县纪委常委会和中心组学习会及时传达学习中央第四巡视组脱贫攻坚专项巡视反馈意见整改有关精神，定期学习习近平总书记关于扶贫工作重要论述，特别是在重庆视察时的重要指示精神，全县纪检监察系统中层以上干部全员参加“学习习近平关于扶贫工作重要论述”专题研讨班和视频培训会。将中央脱贫攻坚专项巡视整改及扶贫领域腐败和作风问题专项治理工作纳入全县纪检监察干部业务培训计划；编印《中央脱贫攻坚专项巡视整改工作学习手册》。

三是强作风、重督促。切实转变工作作风，迅速开展整改行动，在配合市纪委监委做好“蹲点”督导工作的同时，春节后上班第一时间，领导定点包干，深入乡镇开展“蹲点”督导工作，督促落实中央脱贫攻坚专项巡视整改任务，结合实际制定并落实针对性强、操作性强的整改措施，推动巡视整改工作责任落实到具体人、具体事。

四是强查办、重时效。中央第四巡视组在渝巡视期间共交办奉节县纪委监委 55 条问题线索，其中，扶贫领域 41 件（检控类 25 件，非检控类 16 件），非扶贫类 14 件（检控类 14 件）。为确保交办问题线索查办质量，积极组织案件审理人员对 55 件问题线索查办案卷宗逐一进行检查复核，对存在的瑕疵提出整改意见，限期整改到位。55 件问题线索予以信访了结 48 件，党纪政务立案 7 件 7 人，所立案件已结案 4 件，其中给予开除党籍 1 人，警告处分 2 人，诫勉 3 人，批评教育 7 人，提醒谈话 2 人。

五是强治理、重提升。制订“作风提升年”实施方案，将中央巡视整改和扶贫领域干部作风作为督查检查重要内容，加大扶贫领域督察督办工作力度。目前奉节县已经开展三轮干部作风督查。督促主责部门在全市率先开展农村义务教育学生营养改善计划、贫困大学生享受资助以及农村危旧房改造补贴等三项治理并建章立制。

奉节县对照考核办法，认真总结，明确努力方向，把扶贫工作作为一项首要政治任务，细算账、算细账，找差距、挖潜力，全面对照，查漏补缺。体现公平公正，做到实事求是，“一碗水端平、一把尺子量准”，并将进一步强化责任意识，立足岗位、主动作为、共同担当、协同配合，把考核工作抓紧抓好，确保各项考核工作不出纰漏。用考核“指挥棒”、督查“丈量尺”指导解决问题，形成上下齐抓、内外联动、齐心奋进的良好态势。

第三章 抓好队伍建设

2018 年 2 月 12 日，中共中央总书记、国家主席、中央军委主席习近平在成都市主持召开打好精准脱贫攻坚战座谈会并发表重要讲话时强调：“打好脱贫攻坚战，关键在人，在人的观念、能力、干劲。要突出抓好各级扶贫干部学习培训。对县级以上领导干部，重点是提高思想认识，引导树立正确政绩观，掌握精准脱贫方法论，培养研究攻坚问题、解决攻坚难题能力。对基层干部，重点是提高实际能力，培育懂扶贫、会帮扶、作风硬的扶贫干部队伍。要吸引各类人才参与脱贫攻坚和农村发展。要关心爱护基层一线扶贫干部，激励他们为打好脱贫攻坚战努力工作。”2019 年 6 月，中共中央办公厅印发了《关于鼓励引导人才向艰苦边远地区和基层一线流动的意见》，要求各地区各部门要强化组织领导，建立健全工作责任制，确保各项政策举措落地见效。艰苦边远地区各级党委和政府要牢固确立人才引领发展的战略地位，主动作为，先行先试，努力创造可复制可借鉴的经验。奉节县积极贯彻落实中央、市委相关精神，坚持以人才队伍建设为抓手，抓好“三个一公里”的有机衔接，坚持规划引领、逐步展开，走好脱贫摘帽“最后一公里”、走实全面小康“最近一公里”、走稳乡村振兴“最先一公里”，推动乡村振兴工作向更高水平迈进。

一、建设一支懂农业、爱农村、爱农民的干部队伍

习近平总书记强调：“西部地区是个广阔的天地，脱贫攻坚战是个考验人的战场，为干部特别是青年干部成长提供了重要舞台。要组织和动员有志于为党和人民建功立业、做一番作为的干部到西部地区来，投入脱贫攻坚的火热实践，既增进同人民群众的感情，又经受锻炼、增长才干，努力在艰苦条件下、在攻坚克难中使自己成长为可以担当重任、能打硬仗的高素质干部。”奉节县深学笃用习近平总书记关于扶贫工作重要论述，按照脱贫攻坚三年行动计划安排，对标对表习近平总书记对重庆提出的“两点”定位、“两地”“两高”目标、发挥“三个作用”和营造良好政治生态的重要指示要求，兑现落实陈敏尔书记对奉节提出的“1231”指示要求，全面贯彻落实陈敏尔书记“学好用好‘两山论’，走深走实‘两化路’，努力实现百姓富、生态美两者有机统一”的指示精神，进一步对标对表抓重点、聚焦聚力补短板、不折不扣强弱项，全力建设一支懂农业、爱农村、爱农民的干部队伍。

（一）聚焦脱贫攻坚，扎实开展干部走访

其一，干部走访与贯穿“一条主线”相结合。始终紧扣贯彻落实习近平总书记“把提高脱贫质量放在首位”重要指示要求，深入学习践行习近平扶贫重要论述，坚决、彻底、全面纠正不精准、赶进度、图虚名等错误做法及影响，聚焦重点难点问题，在精准识别“回头看”“大走访、大

排查、大整改”“夏秋百日会战”“总攻决胜冲刺行动”四大战役期间，持续深入开展再走访、再排查、再整改，全力以赴提高脱贫质量，努力实现“零错评、零漏评、零错退、群众认可度99%以上”的目标，全面打造践行习近平扶贫重要论述的“奉节样板”。如县委书记杨树海近三年以来，135个贫困村和241个非贫困村全部走访到位，平均每月走访不少于7个工作日，建立了3万余字的走访台账。

其二，干部走访与聚焦“四大重点”相结合。在前期大走访、大排查、大整改基础上，重点聚焦国务院大督查、中央和市级脱贫攻坚专项巡视、第三方评估、省际和市级交叉考核、历年来县级督查和乡镇自查等存在的问题，重点聚焦“六个精准”这个关键，重点聚焦“两不愁三保障一达标”几个短板，重点聚焦“环境、满意和佐证”三个难点，精准发力，拉伸长板、补齐短板、堵住漏洞，统筹开展再走访、再排查、再整改。如县委副书记、县长祁美文在“夏秋百日会战”中，深入市级深度贫困乡镇平安乡督导脱贫攻坚工作，对桃树、向子、茨竹等村进行了“回头看”，看望吴昌兵、吴昌君、李光晏、王永明等困难群众，详细了解住房、饮水、道路、产业等生产生活情况。

其三，干部走访与抓好“三个落实”相结合。全面建立32个行业扶贫部门和133个帮扶单位分线作战，31个帮扶工作团、31个驻乡工作队和31个乡镇分块作战，376个行政村和376个驻村工作队分村作战，全脱钩、全脱产、全天候、全身心开展帮扶工作，8052名帮扶责任人每月不少于8天分户作战。以社为单位划分2105个网格管理，落实3664名网格员，实行“一网覆盖、责任到人、任务明确、一包到底”，全面落实网格化责任，宣讲落实各项政策，确保各项工作任务落到实处。如情系大架山的康坪乡大架村驻村工作队长肖恩扶贫故事多、扶贫办法多、扶贫扶智多，被誉为“三多”队长，连续35次入户动员群众改造住房，终于让贫困户住上“安全房”。

（二）聚焦目标成效，同步提升干部能力

其一，在干部走访中提升“三率一度”。如2019年以来，奉节县紧紧依靠广大干部持续深入走访帮扶，走访群众31.04万户，解决产业发展问题4.9万户，点对点个性问题1.1万户，疑难共性问题272个，完成排查问题整改2.6万个，累计清理“四类人员”2074户8203人，做到工作零失误、结果零差错、问题零遗漏，实现零漏评、零错评、零错退，认可度达99%。干部付出的“辛苦度”，换来的是群众满意的“认可度”。重庆市委书记陈敏尔在奉节走访调研时，这样称赞奉节：“好山好水好风光，有诗有橙有远方。”如平安乡咏梧村的驻村工作队在走访中，发现该村59岁的蒋业安缺产业、缺资金、缺技术，积极引导蒋业安选择了20亩的果树种植，掌握了嫁接方法和种植技术，并申请到5万元的金融扶贫小额贷款，到果树盛产期每年可实现5万元的经济收入，自己对未来的生活充满了向往和自信，言谈举止之间流露出“感党恩”的正能量。

其二，在干部走访中提升攻坚能力。全面开展“兴调研转作风抓落实”行动，以猛药去疴、重典治乱的决心，以咬定青山、壮士断腕的勇气，深入推进干部作风建设，切实增强使命感，明确责任心，提升执行力。在干部走访中，与群众一起商讨发展良策，破解发展瓶颈，真切传递党和政府对人民群众的深情厚爱。如白帝镇率先在全县开展干部作风整顿，对症下药，刮骨疗伤，根治干部“慵懒散拖”等痼疾。从提高干部能力抓起，通过以会促训、以训促学、以考促干的方式，开展扶贫业务培训和测试，并利用干部走访的契机，开展扶贫战场大练兵，“懂扶贫、能扶贫、会扶贫”的攻坚能力得到进一步提升。又如奉节县创新干部走访“六个五”工作法，即五个重点关注、五个必须清楚、五个必须出面、五个必须报告、五个必

须到位、五个必须扭紧，形成强大的攻坚合力。

其三，在干部走访中助推户情精准。户情精准与否，关系到各项政策的针对性和服务性如何。截至 2019 年，共建立户情档案 32308 万份，并利用自主开发的“23188”户情大数据平台，已收录户情 28.5 万户，打通扶贫路上“最后一公里”，实现用数据把脉问路，力求精准高效服务群众。户情涵盖家庭人员情况、住房、饮水、医疗、教育、产业、收入等方面的 153 项指标，累计收集各类户情指标多达 844 万余条。通过“23188”大数据对全县疑似住房不安全户、饮水问题户、义务教育阶段辍学户、收入不达标户、有漏评风险户、有返贫风险户、有错退风险户、大病户进行筛选。如永乐镇白龙村驻村工作队长曹路对村情、户情烂熟于心，自制一套扶贫档案，除了一本网格日志，还用一本户情走访记录本，认真记录农户类别、家庭人口、收入支出、饮水和住房保障、教育和医疗保障等基本情况以及意见、建议，并随时将数据上传到户情大数据平台，无异于“一座活宝藏”。

其四，在干部走访中巩固脱贫成果。2015 年以来，结合干部走访，各级干部积极投身“四大战役”，完成住房安全鉴定 47 万户，完成“三贫困户”C 级危房改造 4673 户、D 级危房改造 2496 户、建成 106 个安置点、易地扶贫搬迁 7767 户 31488 人、农房收储 3741 户、非贫困户土坯房改造 9862 户，实现“应改尽改、应搬尽搬”。累计新建集中式供水工程 2385 处、分散式供水 3390 处，更换延伸饮水管网 7718 千米，累计解决群众安全饮水 21.57 万户。新建贫困村通组通畅工程 6518 千米，新建整治泥结石路 1567 千米，新修人行便道 500 千米，实现行政村通畅率 100%、村民小组通达率 100%。如平安乡在干部的不懈走访和精准帮扶中，彻底告别了“通信靠吼、交通靠走、吃水靠天”的现状。平安乡桃树村独居老人吴昌兵、残疾贫困户李光晏，年初的房子陈旧阴暗、破烂不堪，通过村集体叠加住房改造政策，采取兜底代建的方式，同步实施了“五改”，昔日的“危旧房”变成了“幸福居”。又如市政府办公厅扶贫集团在平安乡天台村走访时，该村有 2000 余群众常年缺水吃，如今，平安乡天台村成功钻探成井 4 口，彻底解决了群众的用水难题。

（三）聚焦责任担当，历练干部斗争精神

其一，党员干部带头是做好干部走访工作的力量之源。作为党员领导干部，只有当好标杆、作好表率、带头走访、率先垂范，才能抓好班子、带好队伍、管好干部，引领全体干部知难而进、迎难而上，深入一线、脚步向下，靠实干树形象、以实绩惠民生，践行以人民为中心的发展思想，把群众拥护不拥护、赞成不赞成、高兴不高兴、答应不答应作为检验工作的基本标准，真心实意为群众服务，着力提升群众满意度。如县委书记、平安乡脱贫攻坚指挥部副指挥长杨树海在“2019 年夏秋百日会战”期间，前往平安乡双店、文昌、咏唔、天台等村调研走访时强调，要精准解决干部的作风、能力和方法问题，狠抓社会治理，大力开展宣传、教育、引导，激发群众的感恩之心和奋进之志，让群众既能“获得”又要有“感”，群众满意度大幅提升。如鹤峰乡青杠村支部书记李仕选坚持公平、公正、公开原则，家家户户上门走访，做好移民外迁后贫困户的土地调整工作，用脚步丈量土地，让群众上访村成为无信访村。

其二，突出执纪问责是做好干部走访工作的服务之本。干部走访工作的成效，要用责任是否落实、工作是否落实来检验。实行工作倒逼、时间倒排、责任倒查，一月一督查，两月一排名，对督察排名靠前的授流动红旗予以表彰，对督察排名靠后的亮黄牌予以警告。部门、乡镇、村捆绑问责、联动考核、有责共担、失责同究，对工作不重视、问题较多、整改效果较差的单位予以追责问责。2019 年共查处扶贫领域问题 151 起 233 人，

公开曝光扶贫领域违纪违法典型案件41起147人。逗硬执行“纪律十条”，严肃脱贫摘帽工作纪律，通报批评32人、9个单位，诫勉谈话11人，调整驻乡工作队员1人,逆向调动1人。用铁的纪律督促干部醒过来、干起来、强起来、好起来，确保在干部走访工作中真正取得实效。

其三，激发内生动力是做好干部走访工作的当务之急。针对在干部走访中，发现群众在生产生活中的疑虑、在产业发展中的难题等问题，把干部走访和农民讲习有机结合起来，依托田间地头和农家院坝等利于群众参与的生产劳动场所，建立流动讲习所800余个，1718名领导干部、乡土人才任讲习员，累计开展讲习活动4500余场次，覆盖了所有行政村，参与农村群众达25万余人次。围绕住房改造、饮水安全、清洁家园、和谐邻里、人居环境、门前六包等与群众生产生活息息相关的民生问题，多深入院坝，多召开群众会，每月至少召开一次并制度化坚持下去。经常深入农户家中，多倾听意见、多沟通交流、多解疑释惑，现场梳理和分析解答扶贫政策、成效、举措、难题等，及时化解怨气、调解矛盾、疏解心结，让群众进一步了解熟悉相关政策，理解支持扶贫攻坚工作，让群众思想得到净化和疏通，情绪得到理顺和疏导，并鼓励群众树立发展的信心，努力克服当前困难，勤爬苦做，自强不息，从而坚定脱贫致富信心，有效提高群众对脱贫攻坚工作的满意度、认可度，引导形成“户户感恩、人人向好”的良好舆论氛围。如平安乡向子村驻村工作队通过走访全覆盖，切实解决了王永明的实际困难，昔日满腹怨气、生活悲情色彩浓重的他如今对各级党委政府感恩戴德，决心自发向上。

二、组建一支生产型、经营型、服务型的农技队伍

奉节县从脱贫攻坚战略高度出发，实施乡村振兴战略、加快农业农村现代化，促进农业全面升级、农村全面进步、农民全面发展的高度，深刻认识新时代加强农业农村人才队伍建设的重要意义，切实增强做好人才工作的责任感使命感，围绕乡村人才振兴目标，坚定不移地推进人才强农战略，做好新时代农业农村人才工作，不断强化脱贫攻坚和乡村振兴的人才支撑。

（一）构建一大服务体系

构建“个、十、百、千、万”基层农技服务体系，即一个科研机构支撑、10名技术专家、100名农业技术指导员、1000个农业科技示范户、辐射带动10000户农户。全县创建农业科教联盟1个，成立柑橘研究中心、山羊研究所、油橄榄研究院等涉农科研机构3个，各类产业协会3个，组建技术服务队伍376个。2018年，选派技术专家、科技特派员、农技指导员等503名，组建技能培训师资库257人，市县稳定对接县农广校授课专家40人，产业发展指导员实现涉农村（社区）全覆盖配置。

（二）搭建两大支撑平台

一是搭建线下技术服务主体平台。累计搭建科技示范基地、现代农业园区、农民合作社、农民田间学校、家庭农场等人才平台共计5647个，培育新型职业农民、现代青年农场主等农村实用人才共计4617人，遴选科技示范户7897户次。二是搭建线上技术服务网络平台。建立健全线上技术培训对象库、师资库、基地库、教材库，大力推广全国农业科教云平台、“云上智农”App、“中国农技推广”App，积极开展农民在线技术学习、

在线咨询服务、在线技术指导等工作。建设益农信息社 379 个，开展公益服务、便民服务、电子商务服务、培训体验服务。

（三）开展三项全覆盖服务

一是技术服务全覆盖。坚持“做给农民看，教会农民干，帮着农民赚”的服务理念，广泛开展多层次、多渠道、多形式的技术服务，提高农户的产业发展能力，为产业致富提供强力技术支撑。开展各类技术集中培训 153 次，开展种植业、畜牧业、渔政水产、农业机械化等各类技术培训 20 万人次，解决农业技术问题 85 件，特别是朱衣镇砚瓦村，指导安装全市最先进的脐橙轨道运输车 3720 米，解决了 290 户、340 亩脐橙运输难问题。仅 2018 年，完成农技随访服务 25 万人次，其中 11 个示范村农技随访 2.1 万人次，实现全县 376 个涉农村（社区）农技随访全覆盖服务。

二是产业帮扶全覆盖。围绕全市“371+X”产业体系，建立“4+3+X”产业发展布局，形成了脐橙、油橄榄、山羊、中药材四大主导产业，烟叶、蔬菜、粮油三大优势产业巩固提升，蚕桑、茶叶、小水果等多个特色产业粗具规模。按 2000 元每户标准用于 3.4 万户贫困户发展产业。积极构建“1134”特色产业利益联结贫困户机制，即“一个产业体系、一个经营体系、三种利益联结增收模式、四大保障措施”，实现产业覆盖贫困户 100%，新型经营主体利益联结贫困户 100%。

三是科技推广全覆盖。如 2018 年，奉节推广发布稻田综合种养、肉羊健康养殖、秸秆高效还田、畜禽粪污资源化利用、柑橘病虫害绿色防控等农业优质绿色高效主推技术 5 个，科技示范主体主推技术到位率 100%。建设科技示范基地 2 个，培训农技人员 188 名，巩固田间学校 17 所，培育新型职业农民 1000 余人，科技示范主体 1880 人，新增农业技术发明专利授权 5 件，建设农业科技园区 5 个。通过技术试验示范、现场观摩教学、技术推广服务等，大幅提升科技推广率、入户率、成果转化率、科技贡献率。

三、培育一支医德高、医术好、能吃苦的医护队伍

奉节县全面提升群众对卫生健康服务的认可度、满意度和获得感，让群众“小病少跑路，大病少花钱”，提升医生巡访“扶弱”成效，全面深化“三诊联动”，强化“六重保障”，探索“一体互联”，持续做实做深做细做优医生巡访服务制度。

（一）把握重点人群，协调三诊联动

市县专家定期集中大型“义诊”，免费为群众健康体检，提供基本医疗、基本公共卫生、健康教育、个性化健康管理等服务，让群众在家门口享受优质医疗服务；签约医生定期“问诊”，以七类重点人群为主要对象，制订个性化治疗方案，建立健康档案；村医上门随访，针对行动不便或者边远山区的老年人、孕产妇和慢性病患者，村医常态化上门入户送医送药送健康、定期人文关怀关心。2019 年以来，由 2836 名医务人员共同组成市 — 县 — 乡 — 村四级医师签约巡访队伍 335 支，深入全县 390 个村（社区），签约 28 万余人，巡访服务 76 万余人次，走村入户巡访全覆盖。

（二）深化六重保障，便民一站结算

明确所有公立医疗机构为全县建档立卡贫困患者定点医疗机构，入院全面落地实施“先诊疗后付费”，出院实现“六网同转一站结算”，确保全县贫困患者经“六重保障”报销救助赔付后的自付费用，控制在

总费用的10%以内。截至2019年10月20日，全县累计救助34027次，医疗总费用16529.26万元，其中城乡居民医保、城乡居民医保大病补充险、民政医疗救助（含民政扶贫济困资金救助）、市级健康扶贫基金、精准脱贫商业保大病补充险“五张网”共报销12580.68万元，县级医疗救助保障救助2308.41万元，救助后患者自付1640.17万元，平均自付比例为10%。

（三）打造智慧医院，促进一体互联

通过市级医院（陆军军医大学第一附属医院西南医院、重庆医科大学附属第一医院、重庆医科大学附属第二医院等）、县级医院（县人民医院、县中医院、县妇幼保健院）、乡镇卫生院（社区卫生服务中心）、村卫生室等四级医疗机构组建若干个紧密型医联体，实施医疗专家“县管乡用”“多点执业”等措施，不断健全立体医疗服务网络。以智慧医疗为契机、便利医路，让贫困群众“足不出村”享受优质服务。借助阿里巴巴信息技术和西南医院医疗资源，实施“互联网+阿里健康”工程，保障贫困群众就近看病。搭建“以互联网为纽带，以分级诊疗为核心，以实体医院为支撑”的网络医院平台，将县乡村三级医院与市级医院连接在平台上。由市县级医院与基层医疗机构联网，共同建立远程诊疗服务体系，近三年累计3000余人次接受远程诊疗服务。市县乡村四级医疗机构通过智慧医院实行分级诊疗或网络会诊，基本形成首诊在基层、小病不出村、大病县里看、重症连市院的智慧医疗体系。

（四）深化示范引领，树立行业标杆

典型案例不断涌现，如冯坪乡家庭医生李志辉将患者刘明香从“鬼门关”中拉回；朱衣镇家庭医生向世军为患者陈期富垫付医疗费用，拉近了心与心的距离；“我要找李英医生，让她看病咨询放心”在长安土家族乡口口相传。白衣天使走进群众心中，医患和谐的社会氛围正在形成。高标准开展家医巡访工作提升全县公共卫生服务质量，2019 年度市级第三方机构国家基本公共卫生服务项目绩效考核，奉节得分由上年度 63.416 分提高到 91.661 分，排名提升到第 25 名，上升分值和名次幅度均居全市第一。

四、打造一支树理想、传知识、拔穷根的教师队伍

为了助推脱贫攻坚工作，结合教育实际。2017 年 4 月，奉节县教委组织全县 800 余名校长、行政领导、年级组长及班主任召开家校共育启动仪式，全面启动家校共育工作。制订《中小学幼儿园家校共育工作考评细则》，成功申报教育部规划办单位资助课题《县域推进立德树人实践研究》，家长培训行动、家校沟通行动、家长义工行动、家长互动行动、参与管理行动、社区协作行动等“六项行动”在全县中小学校全面展开。自 2018 年以来，全县 190 所学校 7724 名专任教师，纷纷走进 136251 名学生家庭开展家访工作，覆盖率达 100%；电话家访 72867 人次，覆盖率 62.5%；建立班级微信或 QQ 群 3706 个，覆盖率达 100%。教师每到一处家访，架起学校与家庭的“连心桥”，搭建教师与家长的“爱心桥”。家校共育及教师家访工作有效促进了学校教育教学质量的提高，家长大力支持、社会反响良好。

（一）多措并举家校共育

一是建立健全组织机构。各校成立家长学校领导机构，全面负责、

组织、协调家长学校工作，有的学校还成立了伙食团委会。定期召开家委会研究解决学校工作实际困难，齐心协力为学校发展出谋划策。扩大了学校重大决策参与面，让家长合理诉求提供新平台。

二是定期召开家长会议。如 2019 年全县共召开家长会议 325 校次，通过召开家长会，有效地宣传了国家减免学生学费、免费营养午餐和扶贫资助政策的具体内容。家长会上，大部分学校安排专人作了家庭教育辅导报告，为农村家长教育孩子提供智力支撑，家长与教师交流的同时，掌握了学生在校的学习生活情况，如梅子初级中学为了方便群众，把家长会开到了村社，家长会在家校共育工作中起着不可替代的作用。

三是畅通家校联系渠道。建立以校讯通、微信群、QQ 群、电话为主体的现代化家校联系方式。每月一期的微信公众号文章，向学生家长通报学校教育动态、教研成果、典型事迹和家教理论，引导学生家长关注教育动态、关注学校发展、关心子女成长。各班教师通过班级微信群实时把学生学习生活情况传递给家长，家长随时随地都能了解自己孩子的状况，尤其是给异地家长提供了一个远程了解孩子状况的平台。这既是一份信息，也是一声“平安”，家长意见和建议也通过这些平台及时地反馈，实现信息共享、责任共担、家校共育。

四是开展家长开放日活动。各校通过有计划、有组织地深入开展“家长进课堂”活动，各行各业家长给孩子呈现别样的课堂，受到孩子们的广泛欢迎；建立“家长值日”制，组织家长到班级参加义工活动；家长开放日中，家长深入学生所在班级听教师“随堂课”，与教师一同交流，和学生一同思考，及时对教师和学生作出评价和提出建议。既让家长全面了解学校的工作情况和惠民政策带来的实惠，也是对学校工作的极大促进，有利于家校良性互动，学校赚了口碑，家长赚了实惠。家长以身作则，为孩子良好品德的形成、实践能力的提升、知识视野的开拓打开一扇窗，丰富班级德育途径、优化班级德育效能、提升班级文化内涵。

五是建立三级督查考评制度。学校家校共育办公室对家访情况进行电话抽查，抽查结果与班主任考核挂钩；各片区教育管理中心，定时或不定时地对各辖区内学校工作开展情况进行随机抽查，发现落实不认真、家访不及时、档案不到位的学校及教师个人，第一时间通报，督促及时整改，坚持跟踪回访，确保家访一户不漏、学生一个不丢、记录一份不少。县教委督查室坚持通过电话抽查、实地走访、家长问卷调查等方式，对 190 所学校家访落实、送教上门、教师责任心等工作督查 400 余次，实现督查对象全覆盖，做到每天汇总并通报。坚持问题整改、跟踪、落实有机结合，在督查中发现形式主义家访现象，一经查实，对相关学校及教师进行严肃处理并全县通报。

（二）实地走访全面覆盖

一是人人参与，每户必访。全县中小学、幼儿园教师利用下午放学之后和周末走村串户开展家访，把孤儿、单亲、留守等特殊情况学生家庭作为重点家访对象，不漏掉一个家庭、一个孩子，家访覆盖率达 100%。

二是方案翔实，重在过程。各学校制订了详细的进村入户方案，把惠民政策措施和学校工作部署编写成宣传提纲，教师到户后既有总的宣传要求也有点对点的沟通，各种惠民政策家长一目了然，学生的情况清清楚楚，后期教育方向和办法也逐步明晰，家长有了盼头、学生有了奔头、学校有了干头，家访面对面可谓是家校共育的一剂良方。

三是全面了解，归档立卷。家访深入了解了学生家庭经济、生活现状、在家表现、学习习惯、生活习惯、父母文化背景等，全面掌握家庭教育中的教育元素；核对贫困户学生信息、控辍保学学生信息；收集家长对学校工作的意见和建议。所有教师家访做到有记录、有照片、有档案，学校行政领导强化指导、及时督促，确保家访取得实效，全县按要求撰写规范化家访记录近 14 万份，形成家访专项档案 200 余卷。

（三）家校互动良性循环

一是家长教育观念得到改变。家访中发现部分家长对学生老师不熟悉，有的家长甚至连孩子上几年级都不清楚，通过家校共育和家访，家长教育观念得到普遍转变，开始由原来的“关注学生成绩”转变为“关注学生成长”，彻底改变了过去家长把学生“扔”给学校的被动局面，实现了在校有教师教，在家有家长管的良好态势。

二是家长与学校的情感得到升华。全体教师走进孩子家庭，与学生及其家长“零距离”沟通，家长走进了学校、教室，老师感受到不同家庭及家长的困难和疑惑，家长感受到老师的辛劳和真诚，从心里愿意相互支持和配合，农村留守儿童的父母，也愿意通过班级微信群与老师进行交流和沟通，凝聚了家校合力，提高了教育实效。

三是家长与学校的合力得到增强。家校共育和家访工作的开展，增强了家长的责任感。家长更了解、理解和支持教师的工作，更关注学生的学习，更支持配合学校的工作，形成家校共育共识，有力地促进班级建设和管理以及学生健康成长。过去存在因学校工作上的一点瑕疵家长群起而攻之的现象，现在转变为极个别家长在学校无理取闹被其余家长群起而制之的良好氛围，家长们都在全力维护学校正常教育教学工作。

四是教育教学的针对性得到加强。家长和老师能够针对学生实际情况进行教育和给予关心，特别是建卡贫困户学生和留守儿童，老师和家长更能针对他们的生活、学习和心理健康等方面的问题，给予更好的关爱和帮助。

第三篇

方法与策略

第一章　构建“1486”攻坚体系

习近平总书记指出，脱贫攻坚要取得实实在在的效果，关键是要找准路子、构建好的体制机制，抓重点、解难点、把握着力点。奉节县深入学习习近平总书记关于扶贫工作重要论述，结合奉节经济社会发展实际，锐意进取、担当作为、积极探索，构建一个目标、四大体系、八个到位、六项重点的“1486”脱贫攻坚体系。

一、围绕“一个目标”，脱贫摘帽奔小康

按照“打好一场硬仗、用好两个宝贝、做好三件大事、抓好一个根本”的行动指南，坚持以脱贫攻坚统揽经济社会发展全局，把脱贫攻坚作为头等大事、重要政治任务、最大发展机遇和重要治理平台。着力推动人力物力财力向脱贫攻坚集中。围绕“两不愁三保障一达标”“解决八难、实现八有”，坚持精准到人头、落实到行业、统筹到区域，近五年统筹整合资金 100 亿元用于脱贫攻坚。着力推动干部主要精力向脱贫攻坚转移。建立

“一网覆盖、责任到人、任务明确、一包到底”的网格化管理体系，建成2105个网格，落实3664名网格员，全面形成“干部共赴一线、机关只留一人”的攻坚状态。着力打造高质量脱贫奔小康的奉节样板。严格对表落实“六个精准”和“五个一批”要求，聚焦市级深度贫困乡平安乡、县级深度贫困镇村、特殊困难群体精准发力，设计“五条时间杠子”倒排期限，锁定“两大关键节点”抢抓进度，135个贫困村全部退出销号，农村基础设施变化翻天覆地，贫困群众精神面貌焕然一新。

二、健全“四大体系”，尽锐出战齐攻坚

推进脱贫攻坚，关键是责任落实到人。推动指挥体系包干和包尽。坚持“牵头抓总、分线运行、各负其责、共建其功”，实行书记、县长“双组长”制，35名市管领导任乡镇指挥长，乡镇班子成员任村级指挥长，定点包干、蹲点督导。推动帮扶体系到户和到人。坚持因乡、因村精准派人，落实165个帮扶单位、31个驻乡工作队、376个驻村工作队、8052名帮扶责任人结对帮扶，1302名驻乡驻村工作队员全脱钩、全天候、全身心、全覆盖对接帮扶。推动责任体系主体和主管。全面压实31个乡镇（街道）脱贫的主体责任、32个行业扶贫部门的行业扶贫责任、376个有脱贫攻坚任务村（社区）的直接责任，签订责任书、立下军令状，部门分线作战、乡镇分块作战、村社分户作战，实行捆绑问责、联动考核、有责共担、失责同究。推动监督体系执纪和问责。建立日常巡察、定期暗访、业务督导、交叉检查“四位一体”督查体系，坚持一月一督查、两月一排名、双月一督战，实行流动红旗嘉奖、黄牌警告亮相，向31个乡镇“一对一”派驻蹲点督导组，深入开展扶贫领域腐败和作风问题专项治理，查处问题201件294人。

三、推动“八个到位”，精准帮扶真脱贫

开对了“药方子”，才能拔掉“穷根子”。奉节县全面推行“八到户八到人”，做到真扶贫、扶真贫、真脱贫。坚持干部到户见面到人。开展干部走访、教师家访、医生巡访、农技随访，对 31.04 万户群众循环反复走访，确保情况清、帮扶真。坚持宣传到户引导到人。结合两回两讲两解、广播村村响等方式，推行公示公开“六个一”，让群众广泛知晓、参与、监督。坚持政策到户落实到人。梳理整合形成“1+18”精准扶贫政策体系，102 项到村到户到人扶贫政策一一对应、精准落地。坚持问题到户解决到人。实行日调度、月通报工作制度，第一时间整改排查、自查、督查问题，确保巡察、考核、审计等反馈问题全整改、全清零。坚持产业到户收入到人。围绕低山脐橙、中山油橄榄、高山中药材等“4+3+X”现代山地特色高效农业，打造“一人一亩高效田、一户一个标准园”，实现集体经济 100% 覆盖建制村、主导产业 100% 覆盖贫困村、增收项目 100% 覆盖贫困户、利益联结 100% 覆盖贫困户。坚持帮扶到户，志智到人。做到因户因人、因贫因困帮扶，扶贫信贷应贷尽贷，集中供养应养尽养，电商入户有需尽入，技能培训有需尽训。全面开展“两抓两树”，切实激发群众内生动力，“单腿贫困户”廖良琼身残志坚，养鸡致富，感动重庆；“最美贫困户”李美容不忘乡亲，带领周边贫困户脱贫奔小康；朱衣镇仙女村 30 户“励志贫困户”不等不靠，主动申请脱贫。坚持环境到户文明到人。开展“清洁家园 · 和谐邻里”活动，推行美丽乡村“六整齐”“六不要”“六统一”，健全集镇公约、村规民约，引导群众养成好习惯、创造好环境、过上好日子。坚持效果到户满意到人。建立全县户情数据库，建成 24.5 万份户情档案，推动干部村村到、户户落，面对面算账、一对一交流、点对点服务，确保群众认账、服气、认可、满意。

四、攻克“六项重点”，补齐短板夯基础

聚焦精准、住房、饮水等“六项重点”，让脱贫成效真正获得群众认可、经得起实践和历史检验。聚焦精准识别。建立签字背书、数据比对、达标认证、网格化管理、书面化解答等制度，开展3次精准识别“回头看”和4次动态管理，做到扶贫底数明明白白、贫困对象清清楚楚。聚焦住房安全。坚持“小雨不停工、大雨撑雨棚、晚上点油灯、昼夜都要动”，全力实施危房改造2.34万户，易地扶贫搬迁31488人，农房收储3741户，实现应改尽改、应搬尽搬、应收尽收，户户都住上安全房屋。聚焦饮水安全。采取维修改善一批、搬迁一批、管护一批、新建一批“四个一批”的方式，分类解决饮水安全问题，新建集中式供水工程2385处，分散式供水工程3390处，巩固提升21.5万户安全饮水。聚焦人居环境。开展“六项专项治理”，实施改厕、改厨、改圈、改院坝和改环境“五改”1.63万户，打造村级“垃圾兑换银行”示范点83个，农村人居环境显著改善。聚焦干部作风。深入开展脱贫攻坚作风建设年活动，严明脱贫摘帽十条工作纪律，明确五类正向激励措施和六类追责问责情形，全体党员干部下沉一线，白天走村入户，加班加点，在现场、在岗位、在状态。“不孝镇长”甘剑铭白天工作、晚上尽孝，“三多队长”肖恩病床上遥控指挥扶贫，“最美村干部”余红梅带病工作，背后写满了励志故事。聚焦群众认可。开展“干群心连心”十大惠民行动，落实吃一顿农家饭、住一晚农家屋、干一天农家活、开一次家庭会、做一件贴心事“五个一”活动，做深了干群好感情、提高了群众认可度。

第二章　精准方略

2013年11月，习近平总书记在湖南省湘西州十八洞村考察时首次提出“精准扶贫”概念，指出“扶贫要实事求是，因地制宜。要精准扶贫，切忌喊口号，也不要定好高骛远的目标”。奉节县深入学习贯彻习近平总书记关于扶贫工作的重要论述，深刻领会脱贫攻坚是以习近平同志为核心的党中央作出的重大战略部署，是摆脱贫困面貌、改变积贫积弱的关键之策，是开天辟地的壮举、共享发展的创举。

一、以精准识别为前提，把对象找准

精准扶贫首先要精准识别，精准识别是精准扶贫的前提与保证。奉节县采用多种方式精准识别帮扶对象，到实地、看实况、听实话，通过级级落实责任制，层层签订军令状，大力夯实脱贫攻坚基础。“摸清家底”：严格按照“四进七不进、一出三不出”识别标准，开展建档立卡、精准识别工作“回头看”，通过看房、看粮、看劳动力等举措，逐村、逐户、逐人“过筛”“建档”；“梳理辫子”：按照因病、因学、因灾、因残等 12 项致贫指标，对所有建档立卡贫困户进行精准再甄别，通过进村入户等方法梳理出各类致贫原因；建立“台账”：按照“十三五”脱贫目标，将任务细化分解，并依据“五个一批”精准扶贫要求，逐年明确攻坚任务。

（一）精准识别对象

重庆市确定奉节县2018年“县摘帽”，根据重庆市扶贫办“三高、一低、三差、三重”识别标准，确定平安乡、五马镇、岩湾乡、青莲镇等 12 个乡镇为深度贫困乡镇，其中平安乡为市级深度贫困乡。在现有 135 个贫困村范围内，按照“三高、一低、四差、二重”识别标准，识别兴隆镇小寨村、永乐镇铁甲村、汾河镇保子村、康乐镇阳北村等13个贫困村为深度贫困村。通过“八步四公示”“四退八进八不进”，全面“地毯式、拉网式、网格化”普查，精准识别患重病大病户、五保户、低保户、残疾户、老人户、住房不安全户、临界贫困户、档外建档等特困、贫困对象，分类建立台账，做到对象精准、底细明了，做到公平公正、应扶尽扶。

（二）优化识别机制

以是否解决“两不愁三保障”为基本原则，以农民家庭年人均纯收入是否达到或超过国家现行扶贫标准为基本标准，严格按照“四进七不进、一出三不出”具体标准进行识别。建立精准识别乡镇领导签字背书制度，注重数据比对、部门联动，新增、返贫对象统一开展数据比对。开展精准识别精准帮扶“夏秋百日会战”，组织自查验收等细化工作，包括防止“漏评”、防止“错退”、解决问题“零遗漏”，收集佐证材料，切实增加收入。全县组建精准识别业务队伍 521 人，严格依据“入户排查、发现问题、精准核查、集体研判、建立台账、交办整改、完善资料”的程序，采取分组分片入户核实的方法，班子带队，包村领导和驻村工作队队长、村支部书记共同参与，按照“四看三问二算一定”方案，精准识别每一户新增贫困户，坚决防止“错评、漏评、错退、返贫”现象发生。

（三）精准动态管理

严格按照“八步两评议两公示一比对一公告”识别流程和“四进七不进、一出三不出”识别标准，开展3次“回头看”和4次动态调整，以贫困户稳定脱贫退出为主，适当兼顾“应纳未纳”的新增贫困户和返贫户的识别与录入，进一步核实个人自然增减、“农转非”贫困识别情况，包括精准识别脱贫对象、精准识别新增贫困对象、精准核实自然增减贫困对象、精准核实“农转非”贫困对象、精准核实“稳定脱贫（不享受政策）”标注对象。精准识别新增贫困户、清理删除“四类人员”、标注稳定脱贫不再享受政策且另库管理，扶贫对象更加精准。

二、以精准帮扶为关键，把政策做实

精准帮扶是精准扶贫的关键。奉节县围绕“1486”脱贫攻坚体系，深入推进“七大攻坚行动”，增强深度贫困乡镇、深度贫困村和特困人口自我发展能力。坚持摘帽不摘责任、摘帽不摘政策、摘帽不摘帮扶、摘帽不摘监管的原则，建立健全产业扶持、政策保障、扶贫协作等激励性、开发性长效机制，防止返贫和新生贫困。坚持“两抓两树”，全面总结金融、网络、社会、医疗、教育、产业等扶贫经验，打造践行习近平扶贫重要论述的“奉节样板”。

（一）抓实“两不愁三保障”，项项达标、家家小康

按照“六个精准”和“五个一批”的要求，每年投入20亿元以上用于脱贫攻坚。一是每个人都有脱贫门路。围绕“4+3+X”农业产业体系，量身定做25种增收模式，推动3300家新型农业经营主体与贫困户利益联结，技能培训10.33万人次，开发公益性岗位6922个，兜底保障1.72万人。二是每一户都住上安全房屋。坚持“小雨不停工、大雨撑雨棚、晚上点油灯、昼夜都要动”的决战态势，改造危房2.34万户，易地扶贫搬迁7763人，农房收储3741户，实现“应改尽改”“愿改尽改”“应搬尽搬”“应收尽收”。三是每一家都吃上干净活水。采取“维修改善一批、搬迁一批、管护一批、新建一批”分类解决饮水安全问题，新建集中式供水工程2385处，分散式供水工程19171处，巩固提升21.5万户安全饮水。四是每一个学生都上得起学。围绕教育资助、控辍保学、送教上门、教师家访四大重点，让每一名贫困学生都能享有公平而有质量的教育，累计资助43.42万人次，确保贫困家庭适龄学生不因贫辍学，阻断贫困代际传递。五是每一名患者都看得起病。落实健康扶贫“七重保障”，建卡贫困患者自付比例不超过10%，累计救助7.16万人次；开展医生定期巡访，累计签约31.45万人。

（二）推动“八到户八到人”，不漏一户、不落一人

坚持真扶贫、扶真贫、真脱贫，全面推行“八到户八到人”，做到干部进村入户、户户必见干部。一是干部到户、见面到人。开展干部走访、教师家访、医生巡访、农技随访，循环反复走访群众24.72万户，确保情况清、帮扶真。二是宣传到户、引导到人。采用新时代文明实践中心、两回两讲两解、广播村村响等方式，推行公示公开“六个一”，让群众广泛知晓、参与、监督。三是政策到户、落实到人。建立户情档案24.5

万份，全面落实102项扶贫政策，一一对应、精准落地。四是问题到户、解决到人。实行日调度工作制度，实时编发《脱贫摘帽问题解答》、解答疑难共性问题。五是产业到户、收入到人。实施“一户一业”，打造“一人一亩高效田、一户一个标准园”，带动贫困群众增收。六是帮扶到户、志智到人。因户因人、因贫因困帮扶，全面开展抓示范、抓典型、树榜样、树模范“两抓两树”，切实激发群众内生动力。七是环境到户、文明到人。开展“清洁家园·和谐邻里”活动，全面推行《村规民约》，引导群众养成好习惯、创造好环境、过上好日子。八是效果到户、满意到人。全面开展“干群心连心”十大惠民行动，群众满意度不断提升。

（三）聚焦“缺什么补什么”，全面进步、全面过硬

持续推进农村基础设施建设、公共服务提升，农村生产生活条件显著改善。一是出行更便捷。实施农村道路“村村硬、组组通”，新建贫困村通组通畅工程453.9千米，新建整治泥结石路1567千米，新修人行便道500千米，实现行政村通畅率100%、村民小组通达率100%，荣获全国“四好农村路”示范县称号。二是用电有保障。实施农村电网改造升级项目，新建（改造）变压器129台，农村用电质量大幅提升，村村通上了动力电。三是通信更顺畅。新建4G通信基站2170个、2G反向基站273个，建设光缆1.41万千米，所有行政村4G网络和光纤覆盖率达到100%。四是服务更均衡。累计新建（改扩建）村级便民服务中心167个，新建标准化卫生室137个，标准文化室实现全覆盖；实施广播“村村响”深化覆盖和有线电视“户户通”工程，行政村广播覆盖率、贫困户有线电视入户率达100%。五是环境更优美。持续开展农村环境综合整治，打造“垃圾兑换银行”示范点83个；完成27个集镇道路“白改黑”工程，新建污水处理厂57座、污水管网377千米，发放垃圾车、冲洗车等102辆，农村人居环境显著提升。

（四）突出“扶上马送一程”，强化党建、深化改革

深入推进抓党建促脱贫攻坚，实施脱贫攻坚三年行动计划，以改革促创新，引领脱贫、服务脱贫、促进脱贫。一是网格管理帮扶精细化。以村为单位、以社为基础，以联系村领导、驻村工作队、驻村干部、村干部为网格员，建立“一网覆盖、责任到人、任务明确、一包到底”脱贫攻坚工作网格化管理体系；建成2105个网格、落实3664名网格员，对辖区内贫困户和非贫困户实行网格管理、精准帮扶，实现“零漏评、零错退”。二是集中供养释放劳动力。针对智障、残疾等贫中之贫、困中之困的失能贫困家庭，将失能人员进行集中供养、统一护理，让失能人员生活得有尊严，贫困家庭劳动力得到释放；建成草堂等3个困难家庭失能人员供养中心，提供床位460张，累计供养失能人员545名，释放劳动力810人。三是小额信贷激发内动力。按照“户贷户用户还”的原则，建立帮扶责任人捆绑机制，让帮扶责任人成为义务信贷员，负责落实项目规划、贷款推荐、项目跟踪、贷后管理四项责任，全年新增放贷3926户1.69亿元，累计放贷1.4万户6.6亿元，位居全市前列。四是集体经济实现全覆盖。在全市率先对集体经济组织登记注册，统筹资金1.66亿元发展村级集体经济，为356个村每村落实资金40万元、20个村每村落实资金100万元，村级集体经济实现全覆盖，其中116个村盈利达3万元以上。五是网络扶贫催生新业态。成功争取全国网络扶贫示范县、电子商务进农村示范县，引进阿里巴巴、京东等电商平台，实施农村电商“七大工程”，建成县级电商公共服务中心、公共配送中心和240个村级电商服务站，打通农村物流线路4800千米，农特产品线上销售累计15亿元，带动1.1万户贫困户户均年增收2000元。六是社会扶

贫开创大格局。全面凝聚东西扶贫协作、中央单位定点扶贫、对口支援等社会扶贫力量，承接帮扶资金8000万元，对接重点项目投资200亿元；开展“百企帮百村”行动，组织1176名在校大学生利用暑期开展扶贫社会实践，走村入户成为民意调查员、政策宣传员、感情联络员，全社会广为点赞。

三、以精确管理为保证，把管理做细

精确管理是精准扶贫的保证，只有通过精确、有效的管理，合理调配扶贫工作中涉及的人、财、物，才能把精准扶贫落到实处。奉节县统筹部署、尽锐出战、倾力攻坚，按照“一网覆盖、责任到人，任务明确、一包到底”的脱贫攻坚工作网络化管理体系，确保扶贫对象精准，脱贫成效精准，实现“零漏评”“零错评”“零错退”目标。创新“23188”户情大数据用网格化划分制度落实责任体系，用实地走访打卡功能落实监督体系，落实“八到人、八到户”要求，确保户情数据准确性。

（一）坚持“三集中一转移”，尽锐出战、倾力攻坚

奉节县坚决将人力、物力、财力向脱贫攻坚集中，将干部主要精力向脱贫攻坚转移，确保全县干部攻坚一线在岗位、在现场、在状态。围绕“两不愁三保障一达标”“解决八难、实现八有”，坚持精准到人头、落实到行业、统筹到区域，近三年统筹整合资金60亿元用于脱贫攻坚。着力推动干部主要精力向脱贫攻坚转移，全面形成“干部共赴一线、机关只留一人”的攻坚状态。着力打造高质量脱贫奔小康的奉节样板。严格对表落实“六个精准”和“五个一批”要求，聚焦市级深度贫困乡平安乡、县级深度贫困镇村、特殊困难群体精准发力，设计“五条时间杠子”倒排期限，

锁定“两大关键节点”抢抓进度，135个贫困村全部退出销号，农村基础设施变化翻天覆地，贫困群众精神面貌焕然一新。

（二）实行“网格化管理”，任务明确、一包到底

建立“一网覆盖、责任到人、任务明确、一包到底”的网格化管理体系，全县建成2105个网格，落实3664名网格员，全方位掌握辖区贫困户和非贫困户的实际情况，及时落实针对性措施，坚决杜绝漏评和错退。一是坚持“一网覆盖”。建立“县、乡镇（街道）、村（社区）”三级网格化管理体系，实行人口划片包干，明确具体网格区域和网格人员，实现全县所有居民户网格管理全覆盖。二是坚持“责任到人”。由县委书记、县长任县级总网格长，县委副书记任县级常务副网格长；各乡镇（街道）脱贫攻坚指挥部指挥长任所在乡镇（街道）网格长，乡镇（街道）党政主要负责人任副网格长；联系村（社区）领导任村级网格长，各村（社区）书记、主任任副网格长，驻村干部、驻村工作队、其他村（社区）干部为网格员，分级负责干部走访工作。三是坚持“任务明确”。县委组织部会同相关部门将县级部门参与走访的干部明确到乡镇（街道），由乡镇（街道）一并将参与走访的干部明确到户，确保每个院坝都有网格员，每个家庭都有对接干部。四是坚持“一包到底”。各级网格长、副网格长、网格员对网格内人员实行“综合管理、全权负责、一包到底”，并保持相对稳定，1户居民户明确1名网格员，1名网格员可挂包多户居民户，切实做到“乡不漏村、村不漏社、社不漏户、户不漏人”。

（三）创新“23188”大数据平台，精准施策、标准管理

紧扣“精准”和“标准”两个关键，定制开发集户情数据采集、管理、

共享及分析的“23188”户情大数据平台，对全县的所有户籍、户籍人口、户情等信息进行信息化采集、管理。一是点面结合，健全责任体系。按照“八到户、八到人”的要求，整合全县干部职工和驻村工作队力量，建立“一网覆盖、责任到人、任务明确、一包到底”的网格化管理体系，依托376个行政村（社区），将管辖范围内的农户以村组为单位划分为若干网格状单元；设立网格2105个，落实网格员3644名，要求每一个网格化管理责任人落实扶贫工作主体责任，按照贫困户脱贫标准，对每一片网格内的贫困户和非贫困户实施动态管理，实现数据精准化、户情标准化、县乡村网格户五级联动高效化。二是“内外兼修”，精准基础信息。实地打卡走访，网格管理员定期开展网格化入户走访收集户情基本数据，由各片网格员对非贫困户和贫困户中的低保户、五保户、残疾人户进行重点走访，让贫困无所遁形；GPS定位实时掌握一线专员工作状态，强化内部管理；扶贫数据实时对比，平台与县扶贫系统的数据对接，对公安户籍、金融贷款、残疾人、饮水工程、问题台账等多来源数据实行批量导入和交换，逐人逐户核查贫困户信息，确保贫困户信息与国办数据的一致性和准确性，有效解决当前脱贫攻坚工作中扶贫数据不通、数据不准等问题；通过多维度数据分析、对比，自动预警、实时推送异常信息，帮助帮扶责任人对贫困户进行精准识别、精准帮扶，从而达到精准退出。三是上下同步，落实工作成效。查询各类型数据、标签类型可任意组合、更容易精准识别问题；户详情、村情报告、户情档案一键生成、信息标准化呈现、直观简洁展示户情；统筹全区域情况、宏观分析发现问题、实时掌握扶贫工作进度和扶贫成果；考核机制“上保险”，通过积分排行榜（日榜、周榜、月榜、总榜）开展督查，并在督查后下达督查通报和整改清单，倒逼工作落实，不断推动网格化管理关口前移，触角下伸。四是解决问题，提高群众满意度。依托“23188”平台和覆盖县、乡、村、网格、户五级的网格化管理体系，在平台和微信公众号中，开展了覆盖全县的2018年民意调查，收集模拟民意调查问卷79134份，达到全县模拟民调目标人口覆盖率12.3%；大数据网格化管理将指标数据化，网格管理员收集的户情资料、信息由下及上，集合汇总后形成完善的社情、村情、乡情，利用平台进行问题交办督办，用户可以看到每个数据的主要负责人员、针对性解决问题、落实责任人、全流程记录、强化任务反馈及跟踪查询问题解决答复情况，提升问题解决效果，提高群众满意度。

第三章　社会动员

“人心齐，泰山移。”脱贫攻坚不仅仅是贫困地区的事，也是全社会的事。习近平总书记强调：“坚持社会动员，凝聚各方力量。脱贫攻坚，各方参与是合力。必须坚持充分发挥政府和社会两方面力量作用，构建专项扶贫、行业扶贫、社会扶贫互为补充的大扶贫格局，调动各方面积极性，引领市场、社会协同发力，形成全社会广泛参与脱贫攻坚格局。”奉节县广泛、有效地动员和凝聚各方面力量，强化东西部扶贫协作，鼓励支持社会组织积极参与，充分应用社会扶贫网载体，引导社会扶贫重心下沉，促进帮扶资源向贫困村和贫困户流动，实现同精准扶贫有效对接，真正走出一条守望相助、扶危济困的全员扶贫之路。

一、以东西协作为平台，打造滨奉协作样板

“脱贫攻坚，全国一盘棋；全面小康，决胜在合力”。中国东西部结对牵手、协作扶贫，是最具中国特色的“扶贫故事”。奉节县作为西部

贫困县，与对口帮扶单位山东省滨州市紧密合作，围绕脱贫攻坚任务，持续聚焦深度贫困，深入推进高层互访、项目合作、资金支持、人才交流、产业发展、劳务协作、携手奔小康等，有力地带动了深度贫困群众增收致富，极大地促进了奉节经济社会发展，努力打造鲁渝·滨奉东西部扶贫协作的奉节样板。

（一）紧密对接，深化务实合作

一是推进高层互访。加大两地高层领导对接力度，通过实地走访考察，深挖合作渠道，召开工作联席会议 4 次，持续推进农业、产业、旅游等方面合作和教育、医疗、文化等领域交流，推动签订产销对接、劳务协作、人才交流、结对帮扶等系列协议。二是强化资金支持。自扶贫协作以来，山东省累计帮扶奉节县援建资金 1.13 亿元，其中滨州市累计投入援建资金 6693 万元。在资金安排使用上，重点向深度贫困乡镇、深度贫困村倾斜，以及向发展潜力好、经济效益好的产业倾斜。三是协调多点结对。扩大教育、医疗、文化等领域结对范围，其中滨州市博兴县与奉节县平安乡、博兴县兴福镇与平安乡桃树村；滨州市邹平市第一实验小学与奉节县羊市镇中心小学；鲁中职业学院与重庆市奉节县职业教育中心；滨州市工商联、卫生健康委、文化市场执法局、人民医院与奉节县对应单位结对协作，呈现多点开花的良好局面。

（二）立足优势，深化产业发展

一是政府搭台。依托奉节资源禀赋、产业优势，主动牵手山东滨州，深入寻找结合点，创新合作模式，借助“渝洽会”等机遇，积极引导山东企业到奉节投资，共同打造产业合作平台。二是企业唱戏。筑巢引凤，山东发展投资控股集团有限公司、西王集团有限公司、济南堤口果品批发市场等26个协作企业前来奉节，就农业、旅游等项目签订合作框架协议，协议投资100亿元以上，实际投资31亿元以上；重点打造三峡之巅酒店建设等项目，努力推动脐橙、泡菜、豆腐柴、油橄榄等农副产品“走进山东”。三是群众受益。在共享资源、共拓市场基础上，大力推进旅游合作，签订“万名滨州人游奉节”及两地景区门票互免合作协议，两地间互为客源地，互免景区门票；奉节脐橙、铭阳果业、汀来泡菜、油橄榄、豆腐柴、猕猴桃、蜂蜜、腊肉、木耳、柠檬等10多个品种和中药材将大批量进入济南、淄博、潍坊、烟台、滨州等市场，仅“乡坛子”系列泡菜预计每年售货将达600万元以上。

（三）干部互派，深化人才交流

一是抓挂职服务。2017年7月，滨州市选派王成同志到奉节县挂职县政府党组成员，担任白帝镇脱贫攻坚指挥部指挥长；2018年7月，又选派栾强同志到奉节县挂任县发展和改革委员会党组成员、县扶贫办副主任，每人承担5户贫困户帮扶任务。二是抓技术交流。建立“一对一”帮带关系，挑选医疗、教育、农业（电商）“三支”专业技术人才到奉节挂职，滨州市在奉节工作的专业技术人员达77人，其中支教21人、支医41人、支农15人；奉节县共选派5名党政干部、20名教育和医疗专业技术人才到滨州市有关单位挂职交流。三是抓人才培训。按照“学习先进、借鉴经验”原则，滨州、奉节两地共举办专业化骨干队伍培训班22期，培训人数769人次，通过专题课堂教学、现场参观、讨论交流等形式，着力提升党性修养、专业素养、履职能力和工作水平，开阔了视野，增长了见识，增强了互信，为东西部扶贫协作聚焦深度贫困奠定了坚实的人才基础。

（四）搭建平台，深化劳务协作

一是开展专题培训。2018 以来，滨州市依托科研技艺院校，组织就业技能培训 6 期，培训近 300 人。目前，滨州市为奉节县共组织举办专题就业技能培训班 40 期，培训 2000 余人，有效增加了奉节县农村贫困人口的就业机会。二是举办专场招聘。自扶贫协作以来，每年定期举办“山东滨州 · 重庆奉节劳务招聘会”，来自滨州市近 30 家企业，平均每年提供近 1800 个就业岗位，试用期满后保障月工资不低于 3000 元，帮助奉节县贫困人口赴山东就业超过 6000 人。三是提供优厚待遇。滨州市对每人每年给予往返奉节—滨州交通费补助 2 次，仅限汽车、火车、高铁动车二等座；奉节县贫困人口稳定就业达到 3 个月，由县人力社保局按 500 元 / 月标准给予稳岗补贴 1500 元，稳定就业 3 个月后，确因各种原因不能在山东就业要返回本地，重庆奉节人力资源管理有限公司将提供 2 次岗位推介服务。

（五）重点推进，加大帮扶实效

一是抓实扶贫车间建设。切实抓好扶贫车间建设，利用山东省级援助资金抓好平安乡文昌村重庆珍西农业科技集团有限公司万寿菊种植烘干项目、平安乡天台村奉节县泽超蔬菜种植专业合作社辣椒酱加工扶贫车间建设，积极推进重庆雅攀农业开发有限责任公司、重庆油橄榄集团有限公司、重庆铭阳果业发展有限公司就业扶贫车间建设项目启动。目前，山东省和滨州市共援建扶贫车间达 20 个，共吸纳贫困户就近就地就业 700 余人。二是加快重点项目推进。有序推进重点项目 27 个，其中向深度贫困乡镇、深度贫困村倾斜的项目达 12 个；实施安全饮水工程，解决朱衣镇三江村等 860 名群众饮水不安全的难题；在兴隆、康乐、白帝、汾河、朱衣等 11 个乡镇建成“滨州扶贫三桥移民新村”“滨州扶贫铁佛新村”等高山生态扶贫搬迁项目，惠及1441户5311人。其中，总投资2200万元援建的三桥移民新村，67户村民通过开办农家乐、营销本地农产品、开发手工艺品等形式，户均增收2.8万元以上，实现了家家有增收项目，户户有赚钱门路，走上了乡村旅游发展之路。三是注重社会力量捐赠。积极开展残疾贫困人口帮扶，滨州市向永乐镇集中供养中心捐赠残疾人用品85套，计划进一步动员社会力量进行捐助；滨州市博兴县为平安乡卫生院捐赠总价值100万元的医疗设备，不仅极大改善了当地的医疗卫生条件，提高了农村医疗卫生服务水平，也为贫困群众带来了更多健康和温暖。

二、以民企帮村为依托，树立“百企帮百村”品牌

产业小散弱，生产组织化程度不高，带贫助贫益贫利益联结不紧密，难以形成对贫困户稳定增收的有效支撑，是奉节县脱贫攻坚的一大困局。精准扶贫战役打响以来，奉节县深入学习贯彻习近平总书记关于扶贫的重要论述和全国“万企帮万村”精准扶贫工作有关要求，扎实开展“百企帮百村”精准扶贫行动，广泛动员全县民营企业和非公有制经济人士发扬以义为先、担当奉献的企业家精神，积极参与精准扶贫、精准脱贫，构建起政府引导、企业参与、社会协同的企业助推精准扶贫大格局，有效破解企业对贫困群众高质量脱贫联结松、带动少、帮扶弱的问题，为实现全县2018年整县脱贫摘帽提供强大助力。

（一）加大统筹协调力度

一是广泛动员。为做好“民企帮村”工作，县工商联组织召开主席会和“民企帮村”行动推进会，让副主席单位和参与脱贫攻坚的民营企业

了解脱贫攻坚形势，学习脱贫攻坚政策，领会脱贫攻坚精神实质，引导县内企业积极参与“民企帮村”行动，重点围绕产业扶贫、就业扶贫、电商扶贫、捐赠扶贫等开展工作。同时，积极向异地商会发出倡议，打好乡情牌，引导异地商会会员参与全县脱贫攻坚事业。二是精准服务。充分尊重民企意愿，按照“量力而行、尽力而为”的原则，实行“民企帮村”计划申报，106 家企业申报结对帮扶计划，涉及产业投入项目 39 个、基础设施项目投入 6 个、捐款捐物 31 家；适时通报“民企帮村”行动推进情况，并通过工商联 QQ 群、微信群及时发布“民企帮村”工作动态和每个阶段帮扶重点工作，让参与帮扶的企业有的放矢。三是结对帮扶。广大民营企业家坚持致富思源，充分履行社会责任，积极投身脱贫攻坚战，通过“民企帮村”这一政治工程，帮产业、帮就业、帮技术、帮精神，106 家民营企业结对帮扶 135 个贫困村，其中 60 余家企业 300 余名员工结对帮扶贫困户。

（二）加大结对帮扶力度

一是发展农业产业扶贫。产业扶贫是斩断“穷根”的治本之策。奉节县以产业项目为抓手，积极推广“主导产业 + 龙头企业 + 合作社 + 贫困户”“龙头企业 + 土地（林地）流转（入股）+ 务工 + 租金（分红）”等经营模式，坚持走长短结合、种养互促、三产融合的路子，精心开展“一村一品”“一村一业”行动，其中重庆市汀来绿色食品开发有限公司在永乐镇长凼村、铁甲村，竹园镇百步村、建设村等村投资 600 多万元建立蔬菜种植基地，实行“公司 + 基地 + 贫困户”的模式带动当地贫困户发展产业，提供就业岗位 148 个，带动贫困户 74 户，户均增收 1.5 万元；奉节县鑫桥农业开发有限公司采用“土地流转 + 优先聘用”“无形股份 + 集体分红”“订单农业 + 产业补助”等模式，带动 100 余户贫困户发展蔬菜产业；重庆市奉节县祥飞茧丝绸有限公司在新民镇中岭村、柏木村等地投资 900

多万元，发展蚕桑产业，建立智能蚕房，带动贫困户 73 户，提供就业岗位 40 个，发放贫困户工资 8 万余元。二是建设基础设施扶贫。民营企业围绕产业加大对所帮扶村的基础设施投入，极大地改善群众生产生活条件，并带动贫困户就近就地务工增收，仅 2018 年，民营企业在基础设施方面投入建设资金 23619.2 万元，惠及贫困户 2095 户，在项目建设中共发放贫困户工资 80.6 万元，其中奉节县环彬地产开发有限责任公司为平安乡文昌村投资 560 万元，实施人居环境提升工程；重庆泰悦酒店管理有限公司投资 600 万元在鹤峰乡观斗村硬化园区路 8 千米，硬化人行便道 3 千米，新建蓄水池 6 口等。三是发展电子商务扶贫。依托奉节电商商会，累计培育电商市场主体 1226 家，各类网店 2000 余个，微商突破 10000 家，其中贫困村新发展网店、微店 726 家，贫困户直接开办网店 273 个，培育电商扶贫带头人 249 个，本地电商生活服务平台 9 家，涌现了一批电商脱贫典型，诸如冯坪乡南津村贫困户李美华 2017 年 6 月开始经营电商服务点，不仅自己如期脱贫，而且带动 36 户贫困农户增收 10 万余元；竹园镇义和村吴超宾开办“山里二娃子”网店，带动 1200 余户贫困户养殖生猪、加工腊肉，连续 5 年位居重庆地区同类目销量第一名。以 2018 年 1—9 月为例，全县实现电子商务交易额达到 8.47 亿元。四是实施捐款捐物扶贫。精准扶贫开展以来，奉节县积极引导企业以“帮贫扶困、回馈家乡”为宗旨，主动承担社会责任，打造“和谐共赢”的企业文化。全县民营企业和非公有制经济人士纷纷伸出援助之手，慷慨解囊帮助急需帮助的贫困群众，用爱心温暖贫困群众的“心窝”。2019 年，县内外民营企业累计捐赠扶贫资金及物资折合人民币 4515.01 万元，为全县脱贫攻坚提供了有力支持，其中奉节县环彬地产开发有限责任公司为平安乡文昌村文昌宫建设捐资近 1000 万元，为康坪乡捐款 65 万元；奉节县渝东医院为大树镇兰靛村捐款 3 万元，开展免费体检、免费医疗投入 79 万元。

（三）加大品牌打造力度

一是完善联系机制。建立县领导联系企业制度，按照每名市管领导联系 1 家企业的要求，31 名县领导联系帮扶 31 家民营企业，每季度深入联系帮扶企业调研不少于 1 次，及时了解、研究、解决企业的困难和问题；县级部门和乡镇也相应建立联系企业制度。2018 年，联系领导共深入企业调研 384 次，帮助 106 家企业解决发展中的问题 213 个，有效促进民营企业增产、增效、增收。二是聚焦深度贫困。着力开展“聚焦深度贫困 · 展现美丽家园”行动，发动企业帮助部分勤劳善良、勤耕苦做的深度贫困户。同时用最少的资金、最多的感情、最简便的方式，展现贫困户最好的精神面貌，激发贫困户最大的发展动力。2018 年 6 月组织民航传媒、薇薇新娘等 5 家企业到大树镇老龙村周宜敏、周宜郡家慰问捐款 1 万元改善人居环境；2018 年 10 月 26 日，组织奉节县祥飞茧丝绸有限公司、奉节县诚信电脑有限公司、奉节县瀚御古典家具有限公司、奉节县青年商会为大树镇庙岭村深度贫困户黄书英家捐款 1.28 万元改变居住环境。三是凸显帮扶效果。奉节民营企业发展产业投入 25410.62 万元，带动 1829 户贫困户增收，带动贫困户就业 2049 人，基础设施投入 3052.25 万元，惠及贫困户 1394 户，共计捐款捐物折价 1209.13 万元。另外还对贫困户进行技术培训、产品销售、享受集体红利等各种扶持。“民企帮村”成为全县社会扶贫的重要力量，“民企帮村”效果更加凸显、品牌更加响亮。

三、以“互联网 +”为纽带，“四轮驱动”全员参与

“互联网 +”社会扶贫是国家扶贫工作的重要组成部分，是推进社会扶贫工作的重要举措。中国社会扶贫网在脱贫攻坚中发挥着桥梁纽带作

用，能最大限度让贫困户需求得到落实，助推贫困人口实现如期脱贫。奉节县采取“四轮驱动”措施全力推动中国社会扶贫网建设，逐步提高中国社会扶贫网的“覆盖面、活跃度、影响力、精准度”，取得良好效果。

（1）组织领导推动。成立以县政府分管领导任组长，县扶贫办主任任副组长，相关单位为成员的“中国社会扶网”推广工作领导小组。组建1个县级管理中心，31个乡镇服务站，明确378名信息管理员，全力开展“互联网+”社会扶贫工作。县长祁美文召开政府常务会，专题研究部署“互联网+”社会扶贫工作，进一步明确工作任务和工作职责，确保工作取得成效。

（2）行业部门推动。把推动社会扶贫网建设作为推动社会扶贫的重要抓手，广泛引导有实力、有意愿参与扶贫的企业和爱心人士，参与爱心注册，让更多的社会力量参与到全县脱贫攻坚中来。进一步发挥行业部门和帮扶人的优势，由县教委负责教育系统教师、县卫健委负责医疗系统医生、县工商联负责民营企业人员、县国资中心负责国有企业人员、团县委负责志愿者注册社会扶贫网，真正让贫困户发布的需求有爱心人士对接。同时广泛发动结对帮扶人员深入贫困户家中，协助贫困家庭进行下载注册。

（3）强化宣传推动。充分利用报刊、广播、微信等媒体对中国社会扶贫网推广工作进行宣传报道，通过制作播放广告及身边对接成功典型事例宣传片，营造全民参与、全社会共同关注的浓厚氛围。利用“互联网+”社会扶贫方式，通过“爱心帮扶”“电商扶贫”“扶贫众筹”“扶贫展示”“扶贫评价”五大平台，有效实现贫困户与爱心企业和爱心人士的对接，实现多种要素多方力量的有效聚合。奉节县微信推出的《权威发布：最新最全中国社会扶贫网操作指南》《关注也是爱：欢迎社会各界爱心人士注册“中国社会扶贫网”App》受到中国社会扶贫网华中中心主任王九一的点赞，并要求其他区县借鉴学习。

（4）督查考核推动。把中国社会扶贫网的推动情况纳入全县脱贫攻坚的考核内容，要求所有财政供养人员和贫困户注册率达 100%。县脱贫攻坚办公室督查组开展电话督查和实地督查相结合，对各乡镇及帮扶部门的推广工作开展情况每天进行通报，对排名靠后的单位一把手进行电话约谈，取得了很好效果。从市扶贫办通报的进度来看，奉节县连续 3 天注册增幅排名全市第一，爱心人士和贫困户注册总量排全市第三。

2018 年实现整县脱贫摘帽是县委、县政府向全县人民立下的“军令状”，攻坚拔寨、全力冲刺，最后顺利通过贫困县退出第三方评估验收，实现高质量脱贫摘帽目标，这离不开东西互助协作，也离不开企业的责任担当，更离不开广大群众的勤劳与支持。东西部扶贫协作、民企帮村、“互联网 +”是社会全员冲刺的生动实践。奉节县将继续探索新路子，下足“绣花”功夫，在带贫助贫益贫上建立更稳固的长效机制，为奉节县高质量打赢打好脱贫攻坚战写下浓墨重彩的一笔。

第四章　扶志扶智

习近平强调,“弱鸟可望先飞,至贫可能先富,但能否实现‘先飞’‘先富’，首先要看我们头脑里有无这种意识”，“贫困地区完全可能依靠自身的努力、政策、长处、优势在特定领域‘先飞’，以弥补贫困带来的劣势”。奉节县深学笃用习近平总书记关于扶贫重要论述精神，积极探索“五个一”扶志扶智新方法，引导困难群众正确看待贫困，树立战胜困难的信心和斗志，打破贫困户“等靠要”的“懒汉”思想，变“要我脱贫”为“我要脱贫”，全面激发贫困群众内生动力。

一、“一个先进”——树立典型引路

要彻底摆脱贫困，解决好精神层面的问题是首要，这就需要宣扬一个正面典型，树立一面旗帜，用身边的事激励身边的人，全面激发贫困地区干部群众的主动性、积极性和创造性，营造更加良好的舆论氛围。

（1）挖掘先进典型。深入 31 个有脱贫攻坚任务的乡镇（街道）挖掘脱贫攻坚先进典型人物，通过面对面沟通交流，采写先进事迹，并创建“奉节扶贫”微信公众号，定期推出一个典型扶贫队长，让工作队长看一看，比一比，学一学，促进驻村工作齐头并进，截至目前已挖掘典型人物 100 余人，其中扶贫工作队长 24 人。同时，按照统筹兼顾原则，根据贫困户、非贫困户的思想实际和生产生活实际，在全县组织开展不同类型的典型选树活动，在贫困群众中广泛开展自立自强示范户、孝老爱亲示范户、邻里守望示范户、清洁家园示范户等评选表彰活动，在非贫困群众中则深入开展“村级好人”“五好文明家庭”“好婆婆”“好媳妇”等典型评选表彰活动。

（2）宣传先进事迹。对选树出来的典型，奉节县创新形式，丰富载体，大张旗鼓地进行表彰、宣传。组建县级脱贫攻坚先进典型宣讲团，推动典型宣讲实现乡、村和贫困群众全覆盖，实现巡回宣讲 30 余场次，参与人数达 1.2 万余人，起到模范带头作用；编印《扶贫故事　绽放三峡之巅》故事书，发放至每个帮扶干部手中。通过广播“村村响”、奉节电视台每期讲解一个贫困户脱贫的故事，让贫困户听一听，想一想，动一动，印证勤劳致富终能奔小康的千古不变真理。制作《感动的爱》脱贫攻坚微电影下乡展映，用群众自己身边的故事，讲述全县脱贫攻坚丰硕成果，全县干部群众深受鼓舞。

（3）激励先进作为。深入挖掘身边的榜样，评选表彰一大批脱贫致富先进典型、脱贫攻坚先进个人，截至 2018 年底，市级评选表彰奉节县脱贫攻坚先进典型 9 人，奉节县评选表彰脱贫攻坚先进个人 200 余人，激励和动员全社会进一步重视、关心、支持、参与脱贫攻坚工作。同时，奉节县坚持有为才有位，大力选拔敢于负责、勇于担当、善作善成的干部，把“三大攻坚战”“十项行动计划”等一线作为培养、发现和选拔干部的主战场，对在急难险重岗位上做出贡献或关键时刻勇担重任的干部，优先提拔重用或顺向交流，让那些想干事、能干事、干成事的干部有机会有舞台。通过精神上、政治上、生活上等多方面的持续正向激励，进一步营造勇于负责担当、争相干事创业的浓厚氛围。

二、“一次回乡”——“两回两讲两解”

为化解部分“基础设施越来越好了，干部下基层越来越少了，群众怨气越来越多了”的情况，奉节县全面践行“以人民为中心”的工作导向，创新实施“回乡回访、讲政策讲变化、解民怨解难题”，促使干部下到基层，争取群众理解，化解群众怨气，和谐干群关系。

（1）干部回乡回访，以“听民意”拉近感情。发动和组织党员干部1000余名，利用节假日和周末，回到家乡、回到工作故地，深入村社、院坝、农户，实施“浸入式”走访，在走访期间，收集农户本人、住房、水、路等基础设施照片3000余张。建立上访户、问题户、贫困户、老党员等的走访清单，全覆盖走访和重点对象定人走访双管齐下，总计走访群众2万余人，获得群众反映的意见和问题达5.8万余条。建立走访反馈机制，针对走访发现的问题提出意见建议，经统计，党员领导干部共提出意见建议2320条。

（2）讲政策讲变化，以“释民惑”赢得理解。领导干部当好扶贫政策“宣传员”，用家乡的土话、白话“翻译”文件上的官话，给贫困户讲政策、讲变化，让贫困户对扶贫政策明明白白。领导干部每季度在所联系村列席一次村支两委会议，不定期上党课，宣讲中央、市级、县上的方针政策，深入讨论本村发展规划、发展重点和发展路径，指导本村发展。以回乡党员领导干部为主讲，组织召开群众会、院坝会，听一听贫困户的“牢骚话”“烦心话”“真心话”，力求“群众不出门，能知天下事”。同时，组建27个宣讲团，深入各乡镇、村社、院坝，发放便民服务手册、政策解答挂历等资料2.1万余份，收集群众意见330条。开展“两回两讲两解”文艺下乡活动，利用广播“村村响”、村民微信群，丰富群众精神文化生活，并把政务公开与政策宣传工作做到无死角、全覆盖。

（3）解民怨解难题，以“应民需”获得认可。树立“群众利益无小事”的观念，真心听取群众需求，细心解决群众难题，增强群众“获得感”，提升群众“认可度”。开设“民生之声”网络问政平台，畅通线下接访、线上问政渠道，收集群众意见建议12638条，解决群众困难和信访矛盾纠纷4777起。采取群众反映和干部实地调研的方式，摸清问题症结，针对症结制定解决措施，化解邻里土地、饮水等纠纷，纾解征地拆迁补偿等矛盾，通过“两解”渠道解答、处理难点、热点遗留问题共计2574件，办结率达98%。针对群众反映的产业发展、交通水利建设等民生工程，采取“填写群众意见收集单，村级、乡镇、县级部门三级研究，三上三下跟踪落实，驻村领导跟踪督导办理进度”的方式，确保落实、落地，共推动民生工程587个，投资近5亿元。

三、“一片产业”——夯实增收基础

“要致富找门路”，发展产业是深度贫困山区群众脱贫致富的根本途径。奉节县围绕生态资源，按照市场需求发展生态特色效益农业，通过特色效益农业来保护生态涵养的发展之路，走出一条“生态为先，特色为魂，市场引领，效益为重”的可持续发展之路，切实转变农业发展方式，推进农业现代化进程，实现了生态发展与农民收入的“双赢”之路。

（1）延伸价值链，扩大产业覆盖。实施“一县一支柱”“一乡一主导”“一村一特色”“一户一门路”产业扶贫推进行动，建成以脐橙、油橄榄、中药材等为主导产业的“4+3+X”特色产业大体系，推动特色产业链向贫困村、贫困户延伸覆盖，对10万亩油橄榄产业“增量提质”，对10万亩药材产业“壮优强特”，对100万只山羊产业“扩量提优”，对30万亩脐橙产业“提质增效”。突出特色分类发展，以县城为中心，完善龙会花谷、天鹅湖等乡村旅游点，打造“县城1小时”乡村旅游圈；以天坑地缝景区为依托，完善卡鹿坪、龙门客栈、露营基地、森林体验和滑雪场等项目，丰富乡村旅游体验游，打造“景区1小时”乡村旅游圈；以特色产业为依托，完善铭阳脐橙采摘园、鹤峰水果采摘园等，打造特色乡村旅游圈。围绕乡村旅游产品，制定春赏花、夏避暑、秋采摘、冬滑雪4条精品旅游线路，加以推广，引导贫困群众资本入股、发展农家乐、务工、销售农副产品等，带动贫困户4000余人就业创业，实现户均增收2万元以上。

（2）延伸循环链，促进融合发展。大力开发文化底蕴丰厚的名优特产品、绿色食品、传统工艺品，以及民风民俗手工制品和民族饰品等旅游产品，土鸡蛋、腊猪脚、脐橙、方竹笋、党参和泡菜等农特产品变热销商品；利用长江三峡的区位优势和千古诗城文化，挖掘脐橙历史文化，打造脐橙主题公园、采摘园，促进旅游和脐橙产业融合发展，拓宽贫困户增收致富渠道；大力培育网上村庄和农村淘宝等互联网主体，依托阿里巴巴、味道网、中药材天地网等平台，通过淘宝聚划算、众筹等营销活动，着力破解贫困地区农产品“卖难”问题，全力冲刺农产品上行，2018年实现农特产品网络零售额3.42亿元，通过电商为贫困农户节支1200万元，实现增收2619万元；发展电子商务市场主体1226家，各类网店2000余个，微商突破1万家，其中贫困村新发展网店、微店共726家，贫困户直接开办网店273个，培育电商扶贫带头人249个，本地电商生活服务平台9家。目前，各类电商主体链接贫困农户5730户。

（3）延伸利益链，完善机制联结。创新“公司＋贫困户”“贫困户

+金融扶持”等多种带动模式，让贫困户与资源和资金联姻，确保家家都有“利益链”；嫁接“龙头企业+贫困户”，让贫困户既当工人又为股东，零风险，保底分红。例如，奉节县鑫桥农业开发有限公司探索出“无形股份+生产收益”“优先聘用+产业补助”“订单农业+示范带动”利益联结模式，带动200户贫困户年户均增收1万元；烟草产业创新“‘一村两户’+贫困户”“合作社+职业烟农+贫困户”“土地租赁+入股分红”“循环农业+技术创新”模式，带动28个贫困村、470余户贫困烟农户均种烟增收10.58万元；重庆市汀来绿色食品开发有限公司通过创新“土地流转+就业创业+联贷担保”的利益联结机制，带动80户贫困户在食用菌基地务工，实现户均增收3万余元，其中30户贫困户自己创业，每个大棚实现年收入5万元以上。

四、“一项技能”——提升致富本领

“授人以鱼，不如授人以渔”，奉节县通过全方位、多层面、广覆盖开展劳动技能培训，变“输血”为“造血”，增强贫困群众致富能力，让贫困户拥有一技“生钱之道”，变“体力型”劳动力为“技术型”劳动力。

（1）统筹培训资源。在全市率先整合人社、农业、移民、扶贫、民政等8个部门的培训项目和资金，推行职业技能培训全县“统一制订计划、统一选择机构、统一下达任务、统一培训标准、统一组织鉴定、统一检查验收”，实现技能培训“量质双升”。统筹推行全县职业技能培训，直补农村实用技能培训，鼓励农村土专家、实用人才等就地实训教学，提高村民实用技能，带领群众创业致富。每年落实职业培训补贴近300万元，促进实用性人才健康可持续增加。针对有发展意愿、发展能力的贫困户，提供5万元以下的扶贫小额信贷，捆绑帮扶责任人项目规划、贷款推荐、项目跟踪、贷后管理四项责任，掀起“大众创业万众创新”的热潮。

（2）创新培训模式。县扶贫办根据市场需求，选择厨师、挖掘机、电焊工等市场紧缺行业，将贫困户送出去学；县农委、人社、移民、商委等多部门，根据贫困户自身条件，开展“私人定制”培训特色养殖、建筑务工、家政月嫂、淘宝运营等项目，让贫困户住到县里学；深化“农业科技专家大院”“农民田间学校”建设，将科学技术送到村、送到院坝、送到贫困户田坎上，使贫困户坐在家里学。培养生态特色种养殖、建筑务工、家政服务、公益性岗位等实用技术10157人次，培训电商扶贫创业人员210名。“农业科技专家大院”“农民田间学校”，辐射30%以上的贫困人口，激发1.7万余户贫困户利用所学技术发展产业和务工就业，户均增收1.2万元以上。开展居家康养、环境卫生、尊老护幼等各类培训班32次，贫困群众的获得感进一步增强。

（3）打造培训品牌。坚持问题导向，实行按需培训，构建群众“点菜”、政府“买单”的培训模式。针对市场前景好的家庭月嫂、养老护理、育婴育幼等家政服务业，广泛动员群众报名，严格乡镇选拔、县上初审、市上审核3个程序，邀请国内名师专家前来授课，统一组织职业技能考核鉴定，同时邀请客户现场观摩，现场“双向选择”，保障培训学员培训结束立即就业，提高培训就业率。为江北区、沙坪坝区等主城区输送家政服务人员43名，其中余春、李向冰等9人荣获市民政部门颁发的“金牌月嫂”称号。

五、“一场洗礼”——净化乡风民俗

要想贫困户思想转变，必须给其“洗脑”。奉节县坚持以弘扬传统文化为主线，以培育发展乡贤组织为载体，积极开展感恩教育、风气教育和脱贫致富的自尊教育，移旧俗、除陋习，尚科学、倡新风，保稳定、促发展，积极净化乡风民俗，营造良好氛围。

（1）创新工作架构，发挥乡贤纽带作用。结合实际，选择热爱公益事业、德高望重的人士成立“乡贤宣讲队”，共吸纳乡贤人士202人，组织开展乡贤文化进祠堂、进课堂、进讲堂“三进”活动，开展“讲文明、晒家训、赛家风”活动，寻找语言美、结构美、思想美、品德美的四美“家风家训”，把乡贤文化和宗族文化有机结合，传承乡贤文化，让“爱国爱乡、孝老爱亲”融入乡村治理，充实村规民约。组织全县184所学校开展“学乡贤”活动，开展以乡贤为原型的校园文艺创作活动，以讲故事、图片展览、文艺汇演等途径，让乡贤文化在校园广泛传播，引导14万余学生树立正确的人生观和价值观。开办“道德讲堂”，开展寻找新乡贤、学乡贤、讲乡贤、做乡贤等系列活动，把农村优秀基层干部、道德模范、身边好人等现代新乡贤请进讲堂，讲有温度、有深度的好故事，利用3016组广播“村村响”终端开展乡贤文化宣传教育，潜移默化地深入群众、深入民心。

（2）探索“三会”自治，找准移风易俗方法。推行“村（居）民委员会+理事会+监委会”的“三会”自治机制，390个村（社区）选举产生1271名村（社区）监委会成员，采用“民主提事、民主决事、民主理事、民主监事”四个工作步骤，对村（社区）重大事务进行讨论决定并实施监督管理，强化基层权力监督制约。通过入户走访、邻里约谈会和征求意见会等形式，广泛征求基层群众建议，从村民意见最大、反映最强烈的环节入手，在充分尊重传统民俗的基础上，对症下药，精准施策，采取“一村一策”的形式，制定完善《村规民约》，抓好日常宣传引导。对红白事大操大办的家庭、相互不闻的邻里、村内情绪不稳的人员进行重点走访，广泛了解民情动态、化解邻里纠纷、倡导移风易俗。仅2019年上半年化解调处邻里纠纷50余起，处理土地纠纷6起，推行喜事新办、丧事简办10家，群众信访同比下降30%。

（3）潜移默化影响，深入推进乡村文明。深入挖掘“奉公守节”“忠孝仁义”等奉节本土文化，梳理姓氏家风家训，通过历史典故、群众身边的榜样，影响教育广大贫困户。开展“和谐邻里·崇德向善”润化环境建设行动，在人口聚集地建设特色鲜明的“好人墙”，推行院坝房屋“六整齐”、村容村貌“六统一”的美丽乡村建设。开展文化下乡活动，组织群众自导自演，采取小品、快板、歌舞等多种村民喜闻乐见的文艺形式，将移风易俗故事演出来、说出来、唱出来。举办移风易俗签名承诺活动，村党员干部带头承诺，印发《移风易俗倡议书》，倡导移风易俗从我做起，并利用广播喇叭、出动宣传车、张贴宣传标语、发放明白卡等形式，广泛宣传移风易俗工作，引导广大村民摒弃陈规陋习，践行勤俭节约。

“小康不小康，关键看老乡。”习近平总书记用这句通俗质朴的话语，明确指出了全面建成小康社会的重点在农村，难点在农民，特别是贫困地区的农民群众。奉节县坚持标本兼治，突出治本，有效增强贫困群众的自我发展能力，提升致富本领“拔穷根”。朱衣镇仙女村贫困户吴汉成种植脐橙年收入达到10万元，主动申请脱贫，并带动30户贫困户联名递交主动脱贫申请书。目前，全县共有2300余户贫困户主动提出脱贫申请，真正走上“志智双扶”的脱贫致富之路。

第五章　生态扶贫

2016 年 1 月，习近平总书记视察重庆时指出，重庆具有好山好水的自然基础，要把这些好山好水保护好，建设长江上游重要生态屏障，推动城乡自然资本加快增值，使重庆成为山清水秀美丽之地。习近平总书记的重要讲话，为新形势下推动长江经济带高质量发展、把重庆建成山清水秀美丽之地，提供了根本遵循和行动指南。2018 年 1 月 26 日，重庆市委书记陈敏尔来到所在的奉节代表团，与代表们一起审议政府工作报告时强调，“当前奉节正处在改革发展的关键阶段，要认真贯彻落实党的十九大精神，紧扣‘两点’‘两地’定位要求，坚决打赢脱贫攻坚这场硬仗，保护好利用好人文、生态两个宝贝，突出抓好产业发展、交通基础设施建设、农村人居环境改善三件大事，加强党的领导和党的建设，奋力开创各项事业发展新局面。”奉节地处长江上游，从东到西，是重庆改革开放建设内陆开放高地的第一站；从西到东，是建设山清水秀美丽之地的最后一关，要切实筑牢长江上游重要生态屏障，树牢“上游意识”，担当“上游使命”，体现“上游水平”，站好保护长江母亲河的奉节岗哨，绝不让垃圾出夔门。

按照“有情怀、下决心、讲科学、可持续”的要求，遵循“人的命脉在田，田的命脉在水，水的命脉在山，山的命脉在土，土的命脉在树”的生态系统逻辑，持续不断实施理水控源、清江治岸、矿区换颜和增绿添彩等保护修复措施，全面治理石漠化、水土流失，真正把修复长江生态环境摆在压倒性位置，换得山更青、水更绿、景更美。近年来，奉节县深学笃用习近平总书记扶贫重要论述，践行生态优先、绿色发展理念，用好“生态和人文”两个宝贝，聚力抓好产业扶贫这个根本之策，不断走深走实“产业生态化、生态产业化”路径，山地农业发展壮大，生态旅游方兴未艾，农村电商异军突起，农村改革激发活力，逐步走出了一条产业兴、百姓富、生态美的绿色减贫之路。

一、坚定不移“弃煤启美”，践行“两山论”，走好“两化路”

2005 年 8 月，习近平总书记在担任浙江省委书记时首次提出“两山论”，明确提出“绿水青山就是金山银山”的科学论断，这不仅使美丽中国建设确定了发展理念新高度和新定位，而且有了更加务实、有的放矢的发展工具与手段，从而使一张人与自然和谐发展的蓝图实现了具体化。近年来，奉节县把学好用好“两山论”、走深走实“两化路”作为发展理念，坚定不移推进绿色发展，实施产业变革助推稳定脱贫，探索了一条“弃煤启美”的乡村振兴蝶变之路。经历了一煤独大、产业转型、全域旅游等发展阶段，用“三个阶段”发展历程对“两山论”作了有力的诠释和生动的实践。

（1）第一个阶段：宁要金山银山不要绿水青山。奉节县是全国 100 个重点采煤大县之一，曾经“一煤独大”，煤炭税费收入占到地方财政收入的 60% 以上，煤炭产业就业人数达 30 万人。近 10 年无序过度的开采，导致了山挖垮、水挖断、树挖死、人挖残的局面，累计造成地灾隐患 358 处、危旧房 3000 余户，破坏森林 30 余万亩，留下硅肺病患者、工伤患者 1.1 万人，带来了满目疮痍的空山、空矿、空屋和饱受污染的空地，以及一系列涉煤信访问题，长期困扰奉节经济社会发展。2016 年以来，奉节县以壮士断腕的决心，将 9 万吨及以下的 39 个煤矿全部关闭，累计关闭煤矿（井口）2937 个，年度去产能 466 万吨，彻底告别了“一煤独大、两岸空山”的发展格局。

（2）第二个阶段：既要金山银山也要绿水青山。2016 年 1 月，习近平总书记在重庆召开推动长江经济带发展座谈会时强调，要“共抓大保护、不搞大开发”。奉节县既属全国重要生态功能区、长江三峡生态屏障区、长江三峡国际黄金旅游带核心区和全国重要淡水资源战略储备库“三区一库”地区，又集大山区、大库区、大农村和国家贫困县“三大一贫”为一体，经济社会发展处于“双欠”阶段。对奉节县来讲，既要转型“破题”，寻求经济社会发展，又要担负保护长江的历史重任，一度陷入“两难”的困境。近几年，奉节县深学笃用习近平生态文明思想，坚持生态文明、发展引领、民生优先、全面协调“四个原则”；把握全域旅游统领、生态产业支撑、新型城镇承载、区域中心带动“四条主线”；遵循融入大战略、抢抓大机遇、构建大格局、实施大项目、推动大发展“五大路径”，着力把奉节建设成为“长江经济带上的绿色生态强县和区域性功能中心”，走上了既要金山银山也要绿水青山的发展道路。

（3）第三个阶段：绿水青山就是金山银山。习近平总书记指出，自然资源、生态环境也是财富，绿水青山本身就是金山银山，绿水青山在一定条件下可以转化为金山银山。奉节境内两岸青山相对，空气质量优良，有白帝城、瞿塘峡、九天龙凤等世界级景点；孕育了光辉灿烂的江峡文化、三国文化、诗歌文化等历史文化，尤其是李白、杜甫等千名诗人留下万篇佳作，让奉节成了中国诗词绕不开的地标。深入贯彻落实陈敏尔书记“用好生态和人文两个宝贝”的指示要求，发展“4+3+X”山地特色高效农业，实现产值 24.3 亿元；培育“2+2+2”生态工业体系，产值达到 21 亿元；全面启动全域旅游，综合收入以 35% 以上的速度增长，凸显出强大发展后劲，呈现出生态美、产业兴、百姓富，各美其美、美美与共的局面。

二、保护一江碧水、两岸青山，重现“满山红叶、两岸猿声”

习近平总书记指出，从巴山蜀水到江南水乡，长江流域人杰地灵，陶冶历代思想精英，涌现无数风流人物。自古以来，凭借长江三峡雄奇壮美的自然风光，奉节吸引了无数文人雅士驻足流连，成了长江流域历史文化的富集之地。奉节县立足独特的自然、人文资源，以大生态、大文化引领大旅游，努力打造长江三峡第一旅游目的地。奉节地处长江上游，需要“上游意识”，担当“上游使命”，体现“上游水平”。遵循“人的命脉在田，田的命脉在水，水的命脉在山，山的命脉在土，土的命脉在树”的生态系统逻辑，全面实施生态治理和环境保护，重拾生态产品价值。

（1）理水控源。全面落实护水治水责任，实施党政一把手“双总河长制”，构建县乡村三级河长体系，建立上下游同步、左右岸协调、跨区域协作、干支流同治的联防联控联治机制，对长江奉节段和支流 94.3 平方千米水域面积实行河长制管理。加强农业面源污染治理，严格控制耕地化肥农药施用量，强力整治畜禽养殖污染，划定畜禽养殖禁养区 612 平方千米、限养区 472 平方千米，2016 年以来，关闭禁养限养区内畜禽规模养殖场 172 家。通过实施农田面源污染治理工程、畜禽养殖污染治理工程和地表径流污水净化利用工程，水质逐渐恢复达标。

（2）清江治岸。狠抓长江干流及支流重点流域水体污染治理，开展沿江污染专项整治行动，2016年以来关闭非法采砂点40处、非法码头7个、整治违法餐饮船舶48艘。加强消落区治理，完成三峡库区消落区治理项目275个，完成沿江城镇周边消落区库岸综合整治162.5千米。加大水域清漂力度，累计投入7000余万元购置机械化清漂船舶9艘，建成船舶废弃物接收处置暨清漂专用码头，在长江43千米主航道两岸安装“护江天眼”，实现船舶废弃物接收、卸载、监管和转运“一体化”。仅仅2018年共清漂2.4万吨垃圾，坚决不让垃圾出“夔门”。

（3）矿区换颜。充分利用三峡库区生态补偿试点县、国家独立工矿区改造试点县等优惠政策，围绕矿区转型升级，针对生态治理、基础设施、公共服务、避险安置，实施矿区基础设施提升计划，加快受损危旧房整改加固和避险搬迁安置点建设，大力提升矿区人居环境，新建及改造道路237千米；加大矿区水污染治理、煤矿废弃地治理和矿渣石综合利用，对矿山废弃地实施植被生态修复，推进区域坡耕地水土流失综合治理和石漠化治理，实施天然林保护、矿山创面植被恢复、退耕还林工程，做到“宜绿则绿、应绿尽绿”。

（4）增绿添彩。着眼筑牢长江上游重要生态屏障，加强对自然保护区等重要生态功能区域保护，划定生态保护红线1583平方千米；与长江三峡集团深度合作，全力落实“清水绿岸”等十件大事，未来几年在奉节的投入将超200亿元；全面开展“绿满夔州·花漾奉节”行动和“清洁家园·和谐邻里”活动，依托景区、园区、城区，围绕国道、省道植绿补绿，造林265万亩，栽种红叶1.8万亩，对村道两旁建花带、村庄周围建花谷、房前屋后建花园，让春来万紫千红、秋来万山红遍，打造最美峡谷景观带。

三、关闭物质“矿藏”，开启人文“宝藏”，用优势转换破题“绿色发展”

奉节县曾是全国有名的“煤城”、全国产煤“百强县”，煤炭产业一度贡献全县一半的地区生产总值和五分之三的财政收入。发展煤炭产业虽能带来短期经济利益，但把山挖垮了、水挖断了、树挖死了，得不偿失。奉节县委、县政府痛定思痛，将 39 个 9 万吨及以下煤矿全部关闭，立足生态优势，聚焦高质量、供给侧、智能化深度发力，关闭不可再生的物质资源“矿藏”，开启取之不尽的生态人文“宝藏”，推动传统产业转型升级，培育战略性新兴产业，加快新旧动能转换，用“四个优势”的深度转换在绿色发展的道路上实现破茧重生。

（1）把生态优势转化为经济优势。生态是奉节最大的优势。为让山水颜值更高、大地气质更佳，让“绿水青山”变成“金山银山”，奉节县依托 80 万亩特色效益农业、30 平方千米生态产业园区和两大核心景区，打造“两山”样板，推进绿色有机食品、生态工艺品等生态产品产业化，逐步构建从一个产品到一项产业、从一项产业到一条产业链的“全产业链”格局；扎实开展“三权”分置、“三变”改革、“三社”融合，全面消除集体经济“空壳村”。通过“生态 +”“品牌 +”“互联网 +”创新商业模式，推动三次产业对经济增长的贡献率分别为 8.6%、44.2%、47.2%。

（2）把资源优势转化为产业优势。坚持生态产业化、产业生态化，优先发展生态农业，打造“一人一亩高效田、一户一个标准园”，发展脐橙 35 万亩、油橄榄 13.2 万亩、中药材 14.1 万亩，形成 268 个农业品牌；大力发展生态工业，培育壮大眼镜、纳米材料、农产品深加工等新兴产业，打造中国西部（重庆）眼镜产业园、三峡库区特色农产品加工基地；融合发展生态旅游，以申创“四区两遗”为抓手，加快白帝城 5A 级景区创建，打造九天龙凤，着力环草堂湖开发，全面唱响“三峡之巅　诗·橙奉节”核心品牌，推出自驾行摄、生态康养、诗歌朝圣、民俗美食、科考研学、极限运动六大旅游产品，着力打造长江三峡第一旅游目的地，推动“一业带百业，一业举而百业兴”。

（3）把区位优势转化为发展优势。根据三峡库区腹心、黄金水道节点的特殊地理位置，全力打造三峡腹心综合交通枢纽，加快3条铁路建设，推进4条高速互联交汇，建设3个码头，实施2类机场建设，打造1张全市最密集的城乡交通网，推动县域“内畅、外通、远联”。着力建设生态、人文、智慧、宜居、旅游城市，以棚户区改造为切入点，加快推进高铁生态城片区建设，推动新老城区在空间上连片和渐变。建设大市场、发展大商贸、搞活大流通，加强现代服务业培育，加快形成商贸物流、旅游集散、现代服务业的区域性功能中心。优化普通教育质量，提高综合医疗水平，推进体育事业发展，引进科研机构和专业人才，发挥集聚和扩散能力，切实增强社会事业综合服务功能，全力打造综合服务高地。

（4）把人文优势转化为动力优势。奉节深厚的历史文化底蕴，造就了奉节人民“奉公守节、自强不息”的独特气质。大力弘扬社会主义核心价值观，深度挖掘诗歌文化、军事文化、三国文化、移民文化、民俗文化等，全面展现夔州文化“忠、义、情、节”的核心内涵，打造大型山水实景演艺《归来三峡》，向全球宣告“归来看三峡，三峡已归来”；擦亮“中华诗城”金字招牌，高水平举办“中国·白帝城”国际诗歌节，连续两年在《中国诗词大会》舞台深度呈现，全面唱响诗意天地、诗歌高地、诗人圣地，让文化活化起来并转化为奉节发展的不竭动力，广泛吸引八方游客到奉节“行千里、致广大”。

四、建设“四美奉节”，推动奉节与诗一起“走向远方”

近年来，奉节县深入学习贯彻习近平总书记视察重庆重要讲话和在解决“两不愁三保障”突出问题座谈会上重要讲话精神，全面贯彻落实习近平总书记对重庆提出的“两点”定位、“两地”“两高”目标、发挥“三个作用”和营造良好政治生态的重要指示要求，寻找坐标，按照打好一场硬仗、用好两个宝贝、做好三件大事、抓好一个根本的“1231”工作要求，紧紧围绕打造长江三峡第一旅游目的地的目标，擦亮自驾行摄、生态康养、诗歌朝圣、民俗美食、科考研学、极限体育目的地游“六张名片”，举全县之力、展全县之美，以“绿色”为路径、“生态”为目标、“强县”为支撑，乘势而上，一幅自然秀美、人文优美、发展壮美、社会和美的“四美奉节”画卷已经徐徐展开。

（1）“自然秀美”的奉节。坚持把修复长江生态环境摆在压倒性位置，坚持“放下斧头、管住山头、守好源头”，实行山长、河长、林长“三制一体”，为自然种绿、为生态留白。全面补植补绿，开展关闭矿山植被恢复、水土和石漠化综合治理，补齐长江两岸、高速沿线、城镇周边“绿化天窗”，加强城区、景区、园区“花化彩化”，让“天窗断带”成为历史，让“江清岸绿”成为常态，为奉节大地披上绿装，森林覆盖率达到60.3%。大力建设长江上游重要生态屏障，全力打造生态文明建设先行示范区，站好保护长江母亲河的“奉节岗哨”，用好水生态，治好水环境，管好水质量，重点抓好“清水绿岸”工程，推进长江干流“清漂治污”。目前，自然岸线保有率80%以上，一江四河水质均达到Ⅲ类标准，城乡饮用水源地水质达标率分别为100%、93.2%，真正实现“三生三宜”的幸福生活。

（2）“人文优美”的奉节。把文化资源作为奉节发展的最大魅力、最大亮点、最大品牌，推动文化场景再现，围绕四首“天下第一”诗词，启动建设中华第一诗词碑林、竹枝词主题公园和杜甫草堂等项目，加快推进白帝城大遗址保护，还原半个世纪宋元战争的宏大场景，积极申报世界文化遗产；全力擦亮文化名片，持续深化大型诗词文化实景演艺《归来三峡》，打造传世佳作、文化盛宴和研学基地，建设《中国诗词大会》永久会址，让中华诗词走出国门、走向世界；以全市乡村文化振兴试验示范县建设为契机，打造三峡原乡和三峡第一村，深入开展“诗承千年·德润万家”和诗歌进校园、机关、社区、院坝、企业、景区“六进”活动，形成中华传统文化的地标、中国诗词文化的原点，重启长江三峡黄金旅游新时代。2019 年旅游综合收入 100.6 亿元，购票游客 145.1 万人次，过夜游客 112.3 万人次，分别同比增长 25.4%、15.1%、16.0%。

（3）“发展壮美”的奉节。以打造三峡腹心综合交通枢纽为目标，“铁公水空”立体交通格局基本形成。按照“三峡门户”城市定位，拉开 30 平方千米的生态、人文、智慧、宜居、旅游城市框架，以“玉带双珠”为主线，串联城区、景区、园区；山地高效特色农业产业体系成效初显，奉节脐橙品牌价值达 182.8 亿元，居全国橙类第一，成功进入 CCTV 国家品牌计划；生态工业正在崛起，围绕特色产业、中小企业、返乡创业，着力打造“特精强优”工业园区，全面深化拓展中国西部（重庆）眼镜产业园，入驻眼镜制造企业 14 家，年产镜架 1200 万副；推动绿色能源发展，华电国际电力股份有限公司奉节发电厂发电 35.2 亿度，奉节金凤山风电场项目 55 台风机并网发电，竣工投用 4.7 兆瓦光伏发电，园区企业达到 30 家，产值达 21 亿元。从“一煤独大”到“弃煤启美”，奉节贫困发生率从 13.5% 降至 0.99%，地区生产总值增速年均保持 8% 以上。

（4）“社会和美”的奉节。坚持以人民为中心的发展思想，创新探索干部走访、教师家访、医生巡访、农技随访，规范村两委会议、村民自治组织商议、群众代表评议、监督委员会审议的“四访四议”工作法；持续推进“六项专项治理”，落实“公示公开六个一”，建立“1+28”基层基础规范化建设体系；开展“两回两讲两解”，成立新时代文明实践所和道德积分银行，干部讲政策、能人讲技术、乡贤讲美德、百姓讲变化；狠抓政务环境优化，深化“放管服”改革和减事项、减材料、减程序、减时间“四减”工作，全面开展“三查两评一述职”。全县形成了“清晨之问、静夜之思，案无积卷、事不过夜”的工作氛围，党风、政风、社会风气持续向好。107 万夔州儿女与奉节共成长、共繁荣，争做美丽奉节人、自信奉节人、自豪奉节人，同心共筑“打造诗·橙奉节、重上三峡之巅”的夔州梦。

奉节县将深入实施生态扶贫工程，围绕“绿满夔州·花漾奉节”目标，加大生态工程建设、保护修复力度，大力发展生态产业，增加贫困人口经营性收入和财产性收入，实现生态改善和脱贫双赢。

第四篇

情怀与坚守

习近平主席发表的 2019 年新年贺词中特别强调，“我时常牵挂着奋战在脱贫一线的同志们，280 多万驻村干部、第一书记，工作很投入、很给力，一定要保重身体”。习近平总书记先后在村、县、市、省和中央工作，扶贫一直是他牵挂最多、思考最多、花精力最多的工作之一。党的十八大以来，他每年新年都去贫困地区考察，足迹遍布全国 14 个集中连片特困地区。可以说，习近平总书记关于扶贫工作的重要论述，来源于他一以贯之的为民情怀，来源于他在各个岗位的深入思考和长期实践。我们要深刻感悟其中蕴含的真理力量和人格力量，自觉从政治担当上、为民情怀上、工作作风上向习近平总书记对标看齐，始终把脱贫攻坚作为一项重大政治任务和首要民生工程抓紧、抓实、抓好。

扶贫工作，事关全局。扶贫干部，事关扶贫工作成效。扶贫干部直接面对贫困群众，是联系帮扶贫困户的桥梁和纽带，是中央各项扶贫政策落实到“最后一公里”的关键。奋战在精准扶贫第一线的同志们，舍小家顾大家，来到穷乡僻壤，工作“5+2”“白 + 黑”，兢兢业业，彰显奉献精神。他们有的奉献时间，有的奉献财物，有的奉献智慧，更有甚者献出生命。近年来，在脱贫攻坚战役中，涌现出一大批扎根基层、敢于攻坚、以民为先的扶贫干部先进典型，他们牢记党中央“绝不让一个贫困群众掉队”的庄严承诺，用真心、真情为群众脱贫出实招、干实事，赢得群众称赞。奉节县地处三峡库区核心，国家扶贫开发工作重点县、国家重点生态功能县和三峡库区移民大县，脱贫攻坚任务繁重。奉节县把建设一支懂扶贫、会帮扶、作风硬的扶贫干部队伍放在重要位置，为打赢打好脱贫攻坚战提供重要保障。“只要还有一家一户乃至一个人没有解决基本生活问题，我们就不能安之若素；只要群众对幸福生活的憧憬还没有变成现实，我们就要毫不懈怠团结带领群众一起奋斗。”习近平总书记的重要讲话成为奉节广大扶贫干部的奋斗誓言。

第一章　脚下沾有多少泥土 心中就沉淀多少真情

一本“走访日志”的“发光故事”

——记奉节县驻公平镇黄泥村驻村工作队队长刘发光

一本普通“大号”笔记本，首页上面标注“公平镇黄泥村走访日志”。下面还有一行“温馨提示”：“如不慎遗失此本，请拾到者及时联系我，关乎民生，必有重谢！”笔记本“主人”是一位中年男子，身材魁梧，双手握拳，脚穿运动鞋，站在村支部委员会和村民委员会挂牌前“合影”。他就是县路政大队副大队长、驻公平镇黄泥村工作队队长刘发光。

这本“走访日志”从2018年1月29日开始“留痕”，属刘发光“单独”走访记录，截至2018年3月26日，61户村民“榜上有名”。既有文字记录，又有照片粘贴，更有解答记载。同时红、蓝、绿三种颜色作为“标签”，对走访村民进行分类，以便清晰、持续关注和追踪，独具“特色”。

会同村支两委“联合”走访则记录在另外一本“大号”笔记本上。

据刘发光介绍，在知晓自己要去担任“要职”时，妻子特为他准备了一个背包，内装各类扶贫政策、各种资料表册、一本“走访日志”、一本笔记本、药瓶（刘发光患有甲状腺良性肿瘤）、水杯、手电筒、雨伞……

群众疾苦记心上

2018 年 1 月 31 日下午，乡村水泥路面泛着白花花的阳光，晃眼得很。刘发光走访到李家屋场时，听村民们说易术林原在外打工，现因患肝癌晚期，举家返村，生活极其困难。

“踏进易术林家的那一刻，看到桌上摊满了大包小包的药，像针一样扎得眼睛生疼。”刘发光说。

刘发光仔细询问，得知易术林只有 43 岁，女儿易文香大专毕业，儿子易文学系小学 5 年级学生。这个家原本生活无忧，易术林和妻子唐志元带着儿女曾在四川成都市和重庆主城区务工，未想丈夫身患重病，治疗花光多年积蓄，最后只能举家返村。

“这家人真正遇到困难了。”刘发光心想，“我能为他们做点什么呢？”

易术林恳求说：“我就是想把儿子转到公平小学读书，老婆和女儿有个事做”。

孩子就是一个家庭的希望，一份责任感从心底油然而生。“你儿子转学的事情我帮你办，家人的工作我努力想办法。”刘发光坚定地说。

春节放假前，他还多次去看望易术林，并送上慰问金，还给他儿子送去课外书籍，鼓励易文学好好学习。

刘发光和易文香一直保持微信联系，不断提供各类工作信息，最终她在县城一家奶茶店上班，月收入 2000 余元。

经过刘发光和公平小学主要负责人沟通，易文学顺利就读。

2018 年 2 月 25 日，刘发光还特意赶往学校帮助易文学办理转学和报名事项。

2018 年 3 月 9 日，易术林病情恶化，不幸去世。

2018 年 3 月 13 日，刘发光打听到公平镇某单位食堂缺一名杂工，月工资加保险有 2000 余元。他立即前往争取，最后唐志元顺利持证上岗。

致富路子担身上

“黄泥村现有建卡贫困户 89 户 294 人，脱贫攻坚任务重、难度大。如何解决留守老人无力耕种，导致土地闲置问题？怎样为有劳动积极性的贫困户搭建脱贫致富桥梁？”刘发光“走访日志”上写道。

驻村工作队和村支两委商议，继续采用“公司 + 专业合作社 + 农户”现代农业经营模式，加大与奉节县盛骄农业发展有限公司合作，解决耕种效率低、农户收益少等问题，实现规模种植、订单农业，增强抗风险能力，促进贫困户增收。奉节县盛骄农业发展有限公司目前流转土地 1500 余亩，前期主要种植油橄榄、西瓜、葡萄、红苕、香芋、玉米，2018 年试验种植前胡等中药材，发展生猪养殖。截至 2018 年 3 月 28 日，已经带动 113 户（其中贫困户 32 户）在家富余劳动力进行务工，长期务工人员年收入可达 1.5 万余元，季节性务工人员年收入预计 5000 余元。

幸福生活送路上

“走访日志”和李光国

“房子还有两个月就能入住了！”李光国搓着手上的泥浆，很是兴奋。

他家的新房是由驻村工作队牵头，镇村两级代建，是目前全村唯一享受政府“交钥匙”工程的贫困户。

刘发光在“走访日志”写道：“新房已建成，下一步该如何引导他家发展产业增收致富，让患有精神疾病的妻子和三个未成年的儿子‘衣食无忧’？”

“走访日志”和周熹保

周熹保，70 岁，去年患右桡骨巨细胞瘤，治疗费用花去数万元。

刘发光上门“取走”病历和发票，帮助办理大病临时救助 4000 元。

“走访日志”和罗厚春

罗厚春，男，47 岁，建卡贫困户，残疾人，患有癫痫病，与 72 岁的老母亲相依为命，2016 年脸被烧伤，2017 年又不幸摔断了腿。

刘发光承诺：等他伤愈时亲自带他去县人民医院拆钢板。

“走访日志”和刘功吉

刘功吉，男，78 岁，建卡贫困户，其妻右腿残疾，行动不便。老人认为妻子原残疾等级偏低，一直想去县残联申请重新进行残疾评定。

刘发光承诺：你们已年老，子女又不在身边，我尽快带“老辈子”到县城办理。

……

他的“发光故事”还在延续……

“90 后”女村干部身患尿毒症——乐观坚强　笑对人生

一位标准“90 后”，一名本土人才，一个尿毒症患者，从医院回来第二天照常上班，依旧阳光灿烂。

她就是奉节县五马镇王坪村本土大学生余红梅。

2018 年 5 月 24 日下午，笔者在村便民服务中心见到她：黑白条纹上衣，“妹妹头”，青春洋溢，不失朝气，埋头整理扶贫资料。

2018 年 4 月初，余红梅时感头晕，甚至喘不过气来，15 日到县人民医院初步检查患尿毒症，随后到万州三峡中心医院确诊、上海某医院动手术、西南医院做透析。

2018 年 5 月 16 日出院，当晚 11 时许回家。她准时到办公室上班，继续负责扶贫软件资料和党建工作。

这次治疗等费用自付 5 万元，以后每月透析费用高达 4000 余元，对这个家庭无异于“雪上加霜”——公公身患传染性肺结核，一个人住在老家，每月药费要 2000 多元；丈夫在县城跑销售，收入微薄；婆婆则要照顾两个小孙女。因此，余红梅在医院学习与透析相关的护理知识，购买透析液，腹腔内植入一条永久性导管，独立在家进行腹膜透析治疗，每天 4 次：早 7 点半、中午 12 点半、下午 6 点半、晚 11 点半。

笔者问：“每天透析 4 次，费时又费力，有无更好办法？”

她略迟疑一会儿，似乎鼓足勇气：“我真想买一台全自动腹膜透析机，每日夜晚在睡眠中执行透析即可，但购买一台需要 39800 元，另外每天的管路费 50 元……”

她没有继续往下说，但在场人都“懂”。

在交谈中，余红梅不时露出左齿“小虎牙”，可爱、亲切、腼腆、文雅。

柔弱女孩肩扛责任和担当，手里紧握坚守与刚强。

主任黄玉强赞不绝口：“红梅在班子中学历最高，是位大学生，同时能力出众。”

“红梅还要帮扶 5 户贫困户，分布在 12 至 15 社，应该说最偏远，她带上方便面就下去。”驻村工作队队长吴明清几乎说到哽咽。

她被评为 2017 年全县优秀村干部。

在笔者到来之前，五马镇镇长罗辉、组织委员王超已专程前往慰问。

罗辉镇长表示，党委、政府要关心爱护村干部，自然包括红梅同志。

组织委员王超介绍：“书记和镇长有一个初步设想，近期将召开两干会，我们将组织一次募捐活动。”

临上车时，村主任把笔者拉到一旁耳语：“红梅坚持上班，毕竟每个月有 1000 多块钱，她在患病前，实际上家里就有少许债务。”

她目送我们离开，笑意盈盈，就如同今天午后灿烂的阳光。

守　护

——记奉节县草堂失能人员供养中心“90后”院长栗春容

集中供养全国推广。奉节县对失能人员进行集中供养、统一护理，释放劳动力，让失能家庭相继走出贫困，其做法被国务院扶贫开发领导小组办公室、中国残疾人联合会、民政部、财政部四部委在全国推广，为脱贫攻坚作出积极贡献。

奉节县草堂失能人员供养中心“90后”院长栗春容无疑是一只“领头雁”，她被评为重庆市2016年度扶贫开发工作先进个人，荣获2017年重庆市最美家庭称号、2019年重庆五一劳动奖章，两次作为全县脱贫攻坚典型人物登台宣讲。

她在无措、茫然、煎熬中度过适应期。脱贫攻坚战犹酣，解困政策要跟上。奉节县对农村“五保”、城市“三无”、城乡低保和农村建卡贫困户等贫困家庭失能人员进行集中供养，从而释放劳动力，助推精准扶贫。

草堂镇柑子社区栗春容报名参加草堂失能人员供养中心院长招聘。面试人员见她年纪轻轻，就问道：“这个活儿你干得下来吗？”“你们可能不知，我这个劳动力也才刚释放出来，婆婆瘫痪在床近两年，我边带娃儿边照顾她直到她去世，应该没有问题！”栗春容回答得倒干脆利索。

有文凭、有愿望、有思路、有信心、有“履历”，自然脱颖而出。栗春容成为全县3所失能人员供养中心院长之一。

草堂失能人员供养中心“开院日”，孤残失能人员19人，其成员由痴、呆、傻、盲、聋、哑、孤、寡、独等弱势群体组成，他们性格怪僻，生活习惯各异，工作人员7人。

现实还是给了她一个“下马威”。当天平安乡71岁特困人员许登雄入住，栗春容打开车门就闻到一股浓浓的臭味，当时老人已经神志不清，意识模糊。她在为其脱裤时，大便就在老人裤裆里面。

老人卧床不起。她每天为其擦身，用针管给他打流食，每隔两个小时就要为老人翻身。

应接不暇，手忙脚乱，不可开交。震撼、同情、担心和害怕，复杂的情感不时涌上她心头，差点精神崩溃。但每当“退堂鼓”在耳畔敲响时，她还是感到羞愧万分，就联想到服侍婆婆时的情景。

栗春容虽然应聘的是管理岗位，但却要从护理员工作入手。许登雄老人弥留之际，紧紧拉着她右手不放，流着泪望着她，嘴一张一合，说不出来话，但还是艰难地在她手心画出“好人”两个字。

时间虽已过去三年，栗春容仍记忆犹新，从未忘记那一刻！

她在坚强、乐观、用心中收获成长期。现在奉节县草堂失能人员供养中心住进了84名孤残失能人员，最大92岁，最小19岁，其中58人生活不能自理。其工作人员也达到了15人。

她用心呵护着孤残失能人员的健康成长。

“祝你生日快乐，Happy Birthday to You……”2019年10月22日上午，栗春容在院坝里带头唱起生日歌。

这是每月一次集体生日会。寿星们头戴生日帽，吃着生日蛋糕，笑得像孩子一样，现场充盈着阵阵暖意。

这天正是草堂镇东坡村3社村民、一级残疾人黄兴森44岁生日。他于2017年4月23日入院，因下半身失去知觉，只能与床相伴。栗春容无论再忙再累，或自己或带上护理人员每天都要用半个小时和他说话。

黄兴森面色红润，很是健谈，称特别喜欢同院长“吹牛”。

吃饭不是小事。饭不能硬，菜不能咸、不能油、不能辣。

栗春容边喂饭边问：“卢令，今天饭菜好吃吗？”卢令躺在椅上连连点头。

卢令是“一级残”。17 岁那年，因高烧引发脑膜炎，智力严重受损，只能退学在家休养；23 岁时又因触电烧坏其舌头，生活完全不能自理。

栗春容端着饭碗，弯着身子，一勺一勺给他喂饭，中间还不忘嘱咐：“要喝水就给我说哟！”

15 分钟后，卢令吃完饭。栗春容挺直身体说道：“15 分钟不算啥，有时遇到个别护理对象不配合，我们要‘连哄带骗’，‘折腾’半个多小时。”

饭后，栗春容和工作人员一起，或搀扶或推着轮椅，带着院民到院子里晒晒太阳，同时散散心、聊聊天。

她在激励、感动、乐趣中迎来收获期。五保老人黄先珍已经 82 岁，刚来时，陌生感与孤独感，使其整天“马起脸”。

从陪伴开始、从关心做起，如今老人每次见到栗春容和护理人员都像见到亲人一样。

刘真木肢体残疾，性格古怪，听说要给他洗澡，怎么也不干，那真是“油盐不进”。栗春容和护工易中强通过“亲密接触”、精心照顾，老刘逐步变得开朗起来，主动配合、完全融入，现在亲戚朋友来接他回去玩几天，他都开始“拒绝”了。

不止刘真木。钟俊年仅 28 岁，刚入住时一天到晚不是哭就是闹。多场集体活动、多次细心疏导，他脸上终露笑颜。

父母接他回家过年，三天不到就哭着要“回去”。大年初三，钟俊在父母陪伴下进入“大家”，当即扑进一名护理人员怀里痛哭。

供养中心不是家胜似家，护理员不是亲人胜似亲人。

她用爱点亮失能人员家庭前行的灯塔。50 岁高天河来自甲高镇九洞村，学习组负责人，虽半边偏瘫，不能走路，但脑袋灵活，在某手机平台转发文章，每天可挣五六块钱。

2019年10月24日，高天河展示当天收入，上面显示金额为5.74元。这个月他已挣到105元。

不仅如此，高天河“学习强国”学分达到3259分，在九洞村排名第5名。

“我外出参加一个演讲，几天没在院里，高天河就给我发来短信：院长，我们想你，你好久回来啊！”栗春容好激动，“他们唤我一声院长，我就要为他们负责！”

供养中心更多的是让贫困家庭劳动力得到“解放”。“一人失能，全家失衡。”为照顾病人，许多贫困家庭劳动力既无法外出务工，也不能在家专心发展产业。

“松娃子，我来看你一哈，最近感觉怎么样，身体有没有好点？”杨传付外出务工回来，第一件事就是跑来见儿子杨虎松。

草堂镇天坪村17组杨虎松1999年患脑脊髓炎引起神经性瘫痪，导致大腿骨髓坏死，生活不能自理。母亲2011年病逝，次年妹妹出嫁。

精力分配加经济负担，让杨传付首尾难顾、焦头烂额。

自从儿子来到草堂失能人员供养中心，杨传付便去湖北务工，每月结余2000多元，他对未来充满希望。

“他们比我想象中照顾得还要好，更有耐心！”杨传付说，平时自己回来不多，栗春容院长每周就会用QQ视频发一些儿子生活照片给他，让自己能够安心在外挣钱。

栗春容说下面这话时很“动容”：我愿供养中心是一处“港湾”，为失能人员遮风避雨；我要守护在这里，看到老人安享晚年、孤残健康成长、智障者享受快乐，这比给我任何荣誉都要开心快乐！

一位扶贫校长的最后50天

——追记奉节县太和土家族乡太和小学校长张涌涛

苟文权本来都没指望活过60岁。

他曾是重庆市奉节县太和土家族乡金子村的贫困户，一生凄苦、浑身病痛，每年冬天缩在四面漏风的破土房里，不晓得能不能撑到来年。

亏得有精准扶贫，隔壁太和村的小学校长张涌涛就是苟家的帮扶负责人。在他的帮助下，苟文权一家搬进了有暖炉的新房。没过多久，那间老房在一场雨中轰然倒塌。

看过太多天灾人祸，苟文权对生死已经有些麻木。但2019年12月3日，当张涌涛去世的噩耗传来，卧病在床的苟文权崩溃了。他一把掀开被子，着急下地去找张涌涛，却实在虚弱，怎么也动不了。急得没办法，他把脸埋在双手里号啕大哭。

张涌涛是小学校长，也是扶贫干部。他常年坚持住校，守护着深山里的一方校园，休息时间则献给扶贫事业。在去世前的最后时光，他隐瞒病情、继续工作，直到生命尽头。

这样一位坚守山村的基层校长、一位把百姓放在心尖的普通党员，终其一生以平凡示人。在出事之前，家人、同事没觉得他有多“伟大”，说他就是一个身边的“平常人”，一个认死理不听劝的“山里人”，一个外表木讷内心滚烫的“传统中国男人”，一个不跟组织讲条件凡事自己扛的“上一辈人”。

“顺便”体检，生命竟已进入倒计时。

是肝硬化夺走了张涌涛47岁的生命。

他一米七出头，体形敦实，爱打篮球，人人都说他平时身体素质挺好。

不过，张涌涛的大哥张波涛，14年前因为同样的病，不到37岁就走了。大哥生前也是太和村的老师，明知自己已经晚期了还坚持上课，病发时倒在讲台上，被学生抬出教室。

共事了16年的学校教导主任唐琪栋觉得，张涌涛并不是无视健康的人。有家人的先例在，他其实很“养生”——不抽烟不喝酒，作息规律，招呼别人打球时还总说：“为了各家老婆孩子，好好锻炼身体哈！”

学校没有统一体检，每年是让老师自行体检后凭票报销。但副校长赵维孟说，张涌涛和自己都没弄这些，“我们大山里的人迂腐，总觉得好好的没必要”。

2019年暑假开始，张涌涛时不时觉得腹痛；10月初，他悄悄跟唐琪栋说：上回打球一屁股摔地上，那块淤青一直没散。

“那咋办，去医院看看？”

“没得事，不要紧。”这是张涌涛的口头禅。

爱人谭蓉太清楚张涌涛的脾气了，从不因私请假，想让他去100千米外的奉节县城或者170千米外的万州区体检，难。

劝、骂是没有用的。谭蓉思来想去，只好设“局”，请公公假装不舒服，让张涌涛带他去城里体检，自己“顺便”检查一下。

张涌涛一查，肝功指标不对，医生当即让他住院。

从10月14日这天起，张涌涛原本生龙活虎的生命陡然进入倒计时50天。

张涌涛没听劝，说下午还要到县教委开会呢。开完会，他回学校照常上班。

仅仅过了两天，凌晨3点左右，谭蓉接到张涌涛电话，就听到一句：“实在遭不住了。”谭蓉赶紧将其送去医院，初步诊断为肝硬化，晚期。

肝硬化早期表现隐匿、不易察觉，晚期则有腹水、黄疸、昏迷等症状及严重的并发症。医生当时说，如果做肝移植，存活率在一半左右。

张涌涛老老实实住了20多天院。从没离开过这么久，他在学校微信群里谎称“出去学习一段时间”，跟赵维孟说“没得事，内部感染，过两天就回来，你们把学校的事搞好”，对县教委、乡领导和金子村那边，则只字未提。

赵维孟几次想去看他，张涌涛都说“不准来”；多问几句，他就挂电话：“不说了！”

他以为自己能“瞒天过海”，毕竟大哥当年查出来晚期后，还撑了将近 5 年。

那段时间，大家不知情，工作电话和信息一天都没断过。他还像往常一样，处理着一件件烦琐的工作，比如跟县上争取，把一线老师的评优名额从理论上的 2.7 个落实成 3 个。

到了 11 月 8 日，张涌涛开始嚷嚷着要出院，他说下周要值行政周，脱贫攻坚也要搞“回头看”。

那时医院也确实没有适合的肝脏配型，谭蓉含泪答应了。她知道张涌涛爱逞强，必须让他明白事情的严重性，因此央求本打算“不要刺激病人”的主治医生跟他本人明说：“你的生命已经进入倒计时了，不能工作，要卧床休息！”

结果，周一早上不到 7：40，张涌涛还是出现在学校。

生命倒计时 22 天。

勉强值完周，金子村接到市级脱贫攻坚成效考核通知。11 月 18 日一早，张涌涛到金子村填完扶贫手册，又顶着严寒看望了他的帮扶对象。

这是他最后一次去苟文权家。以前，他几乎每周都会上门一趟，村里修路半个月来不了的那段时间，他给苟文权打了 3 次电话，又是问候，又是抱歉。

他没让人看出异样。苟文权的老伴只记得张校长说了句，“看到你们现在这样我心里就好过了”。

当晚，张涌涛严重腹泻，一晚上上了十七八趟厕所。

挺到第二天放学，他才请假离校，再次住院。情况急转直下，昏迷、转院、急救，医生说他肝硬化恶化导致全身病毒感染，此时做肝移植存活率只剩1%。

生命倒计时13天。

即便这样，张涌涛依然放不下工作。11月22日，他连发六七条信息跟唐琪栋交代学校光纤费、功能室的细节；26日，他在扶贫工作群里说“实在忙不过”，请村上派人帮忙好好完善贫困户刘宗文的档案；28日，辞世6天前，他还在请人帮忙处理政务平台OA系统里几个贫困户的事情。

但他已经知道自己不行了。11月24日，他仰在病床上，顶着因肝腹水高高隆起的腹部，用颤抖的双手，一个字、一个字打出了两条长长的辞职信息，一条发给县教委主任陈绪安，一条发给金子村对接扶贫工作的罗月英。

生病以来，身体饱受折磨，但张涌涛一直表现很平静。发完这两条信息，他第一次绷不住了，和谭蓉抱头痛哭。

12月2日，医院宣布无法救治；3日，张涌涛与世长辞。从发现病情到离世，相隔仅仅50天。

既当大家长又当管家婆，他是村校的“定海神针”。

张涌涛是土生土长的太和乡人，履历很简单：县城师范学校毕业回乡，在两个村校间来回调动，不到30岁就开始当校长。

“本分、踏实。”张涌涛20多年的老领导、片区教管中心主任向光荣这样评价他。

县教委扶贫办主任刘萍长期和张涌涛对接工作，但私下零交流：“每次开完会就走，来一趟那么远，他从来也不到科室串串门、找领导汇报工作，从不诉苦，更不讲条件。”

学校老师对他的第一印象则格外一致：完全不笑，说话像吼，一看就不好亲近。

但接触久了大家才发现，张涌涛敬业、负责，事必躬亲、很关心人：

家离学校不到半小时车程，明明可以每天回去，但他常年住校“看着学生”；

县里要求校长每学期推门听课 20 节以上，他听 120 节到 140 节，每学期留下厚厚 5 本听课笔记；

他把大部分的材料工作包揽下来，在办公室里堆成小山，别人叫他把任务分配下去，他说，一线老师已经够辛苦了，我能做的就多做点；

他亲自管理学校所有功能室和图书室，没事就去看看设备、添添耗材，图书管理系统里全校师生的信息，也是他一人录入的；

他办公室常备工具箱，经常和后勤一起劳动，哪里灯泡坏了就换一个，哪里门不好用了就修一修……

除了日常教学管理工作，张涌涛还承担着教育扶贫等艰巨任务。

2018 年秋天开始，奉节县实行“网格化”家访，全县教师利用休息时间，照着户籍信息挨家挨户调查入学情况，以进一步控辍保学。太和小学 17 名教师参与，负责 583 名学生的情况。

“最难的是联系。”向光荣说，“有些人在外地，有些人留的电话是假的，还有些人认为这是一种骚扰，态度不好，但我们全部攻克下来了。”

排查出几个适龄儿童无法正常上学，张涌涛就组织老师进行“一人一案”的送教关怀，还曾驱车 7 个多小时去给住在外地的脑瘫儿童李浩呈送教上门。

李浩呈虽然智力有些障碍、表达也很困难，但他对张涌涛喜欢得不得了，其实他的送教负责人是一年级班主任、年轻女教师牟艳莉，但每次视频送教时他都不依不饶：“校长呢？我要看校长！”

这几年，学校进了好几个“90后”，年轻老师给村校带来了活力，也带来了和上一辈截然不同的风格。他们中的许多人更注重自我、善于表达，不想干的活能直接跟领导开玩笑说“不干行不行”。

张涌涛显然属于“上一辈人”，内敛、隐忍，不懂诉苦抱怨，凡事自己扛。在同样属于“上一辈人”的向光荣看来，这很平常，“人不都这样吗？”

但他这回扛不住了。强行出院回学校值周那段时间，大家明显感觉“不对劲”。

以往声如洪钟的他说话有气无力，经常静静地站在窗口望着教学楼；吃饭端不稳碗，只能用嘴巴凑上去找桌上的碗，左手换右手，半天吃不下几口；山里冷，老师们自己搞了一个炭火炉子的“烤火室”，以前他基本不去，那个星期他却经常一个人端杯茶坐在里面。

赵维孟“有意识地”去陪他。不管怎么问，张涌涛都是那句，“没得事”。

没得事？他连签个字都得用左手托着右手。

第二次住院前的最后一天——11月19日放学后，等人走空了，张涌涛举着手机在校园里拍照，东拍一张、西拍一张，最后走到校门口，站了一会儿，又拍一张。后勤人员王治平觉得奇怪，问他干啥呢，他轻声说“没事，拍着玩”。

那是张涌涛留在校园的最后一个画面。

老师们已经太习惯有校长在的校园，习惯他总是办公室里扯着嗓子喊人过来一趟，习惯他“像严厉的父亲一样”批评工作不踏实的老师，习惯他每天凑到食堂窗口看今天给学生吃啥，习惯听他晚上10点多从办公室回寝、边上楼梯边哼歌，习惯有困难找他帮忙、有脾气找他“撒娇”……

突然没了校长，吴联燕觉得“每天都找不到方向”。

再穷的人他都瞧得起，扶贫干部比亲人还亲。

同事眼里“不好亲近”的校长，在贫困户面前，却是另一个模样。

“每次一下车就喊‘哥！大姐！’人还离得老远就伸手出来握我的手，他才不管你的手脏不脏！”苟文权耳背，说话特别响，“我们不是一个村的人，以前根本认不到，他对我们恁个好哟！”

2016 年，太和小学全体行政班子作为扶贫干部来到金子村，张涌涛分到相对困难的 5 户、其他人各 3 户。

第一次去苟文权家，看到两位老人住在危房里，张涌涛闷了半天才说话：“我心里不好过，这个房子住不得啊。”

苟文权 15 岁父母双亡，头一个老婆死得早，找了个一样命苦的寡妇又结了婚。好不容易养大一儿一女，女婿又出意外没了，留下那时才一两岁的外孙……听着老两口平静地讲述身世，张涌涛抹了好几把眼泪，临走时说：“以后就让我来照顾你们。”

很快，在张涌涛的帮助下，苟家按5口人申请，获得了6万块钱的补助，在山脚下平坦开阔处，拥有了一套钢混结构的新房。

2018 年冬天迎检，扶贫工作组人人连轴转，不仅周末不休，而且经常早上 6 点就要开会。张涌涛一向准时，还经常跟易礼敬说，有事随时打电话。

学校大队辅导员金燕是行政班子里唯一的女性，自己没有车。张涌涛每次开车带她入户，往往是两人一起先走完她的贫困户，张涌涛再走自己的。

入户工作很琐碎，时长也很难把控，但张涌涛是出了名的“耐得烦”。有一家人对乡政府有些不满，只愿意跟张涌涛说话，一说就是一两个小时。

有一回金燕等得心烦，嘟囔了一句“咋恁个啰唆哟”，张涌涛告诉她：“人家愿意跟我们倾诉是好事，不听他说咋晓得怎么帮他呢？”

张涌涛的帮扶对象都很依赖他，有一家人随时想起点啥就要问清楚，凌晨也直接打电话。直到病危期间，不管多晚，电话一响，他就从病床上伸出手，马上接起来。

谭蓉心疼，几次想把手机收走，但看他生气，又赶紧依了他。

他们的儿子今年刚上大一，那段时间在医院陪护，见到父亲放不下贫困户的样子，他一点也不意外。

暑假里，原本承诺带他出去旅游的父亲，最后安排的“旅程”却是走访贫困户。

那天父子俩一起走了3户，一路上张涌涛跟儿子讲，以后无论做什么，千万不可忘本，要有家乡情怀，多做好事善事。

国务院扶贫开发领导小组办公室近日透露，预计2019年减少建档立卡贫困人口1000万以上，340个左右的贫困县脱贫摘帽，苟文权家和奉节县就在其中。而截至2019年6月底，全国已有770多名干部牺牲在了扶贫战场上，张涌涛是其中一个。

苟文权和老伴都没什么文化，很多大政方针听不懂、记不住，只知道自己属于“五个一批”中“易地搬迁脱贫”的那一批。也许对他们来说，党和政府的形象就是一个个具体的扶贫干部，“张涌涛们”走进他们的家，不厌其烦地听他们诉苦，尽心竭力地帮他们脱贫，“比亲人还要亲”。

这些年，太和小学的生源一直处于流失状态。地处偏远高寒山区，又在3个大镇的夹缝中生存，太和乡党委书记毛荣浩理解张涌涛的“治校之难”。

有条件的都把孩子送到周边大镇去了，2019 年疏散掉最后一批初中生，学校从“太和乡九年一贯制学校”降格成“太和小学”。“这是大环境，他一个校长改变不了”。

但留下的孩子也得好好教。这学期，全校只有 26 个住校生，晚自习连一个教室都坐不满，但张涌涛依然坚持住校、盯晚自习、查寝的习惯。

作为校长，他像“定海神针”一样，19 年一动不动，守着山间校园。

有人或许会问，一个连年萎缩的乡村学校的校长，能忙到哪儿去？

如果你去太和，乡亲们的新房会告诉你，同事们的眼泪会告诉你，校园里的一草一木会告诉你，扶贫校长张涌涛的时间去了哪里。

太和小学办公区的走廊上放着一架钢琴，早上上课前或者下午放学后到这里弹会儿琴，也许是张涌涛一天中最放松的时刻。那本旧曲谱已经翻得稀烂了，但他还是弹得“憨有劲”。

每次加班的时候听到琴声，金燕都觉得是种享受。她说自己想学，让校长录点视频发给她，催了好多次，张涌涛才发了两段，弹唱的是他喜欢的老歌《踏着夕阳归去》和《涛声依旧》。

视频里，张涌涛还是健康的模样，依然“完全不笑”，但唱得很是投入，那歌词唱的是：

我仿佛是一叶疲惫的归帆
摇摇晃晃划向你高张的臂弯
苍穹有急切的呼唤在回响
亲亲别后是否仍无恙……

摘录《中国教育报》

本文系中国教育记者　唐　琪

“三多”队长情系大架山

——记奉节县康坪乡大架村驻村工作队队长肖恩

人物介绍：肖恩，中国工商银行股份有限公司奉节支行员工、奉节县康坪乡大架村驻村工作队队长。肖恩从部队转业后，1984 年 8 月进入工行奉节支行工作，先后担任工会副主席、储蓄科长、财务科长、办公室主任。2015 年，他开始担任康坪乡大架村驻村工作队队长，从此不顾自患脑出血、高血压、糖尿病，与村民“同吃药、同开会、同交流”，是群众眼中的“三多队长”。肖恩先后荣获 2016 年、2017 年度奉节县脱贫攻坚先进个人，2018 年重庆市扶贫开发先进个人。

笔者: 今年您已经 57 岁了，像您这样的年纪，好多人都已经在单位“享清福”了，为什么您会坚持到康坪乡大架村驻村呢?

肖恩：妻子早在 2009 年调入重庆主城工作，女儿也已大学毕业。我在单位“卸职”，正在感受“无官一身轻”。面对“享清福”，我也是“暗喜万分”，自然也觉得在“情理之中”。没想到，单位领导交给我一项“特殊”任务——当队长，一下子击碎了我的“美梦”。

刚进村里，一单间，一张床，一个电磁炉，一张破木课桌，每天煮两样食品：面条和红薯。这几年，我自己也是被病痛缠身，但是仍然坚持深深扎根大架山，驻村虽然条件艰苦，但是收获也很多。

笔者：我看大家都亲切地称您为“三多队长”，能不能跟我们分享一下“三多”的由来?

肖恩：一是扶贫故事多。“野人”终圆四十年新房梦。秦罗平出生于 1963 年 7 月，家中长子，左手残疾。14 岁时，他放话，要建房。直到妻子进门，他都没有“新房”，之前诺言就像风吹过一样，三间土房“风雨飘摇”。老婆跑掉，老房垮掉。这时，父亲去世，母亲随弟生活。他搬进“草垛”，不如“窝棚”。胡子长、不洗澡、不理发、不换衣，村里再没有秦罗平，只有“野人”。我和村支两委首要解决“野人”的住房问题，居然发现秦罗平已没有户籍，没想到他“抖”出一张身份证，其地址栏居然是四川省奉节县。我帮他恢复户籍，办理身份证。我从单位协调 1 万元，实施 D 级危房改造。2016 年底，三间新房建成。我又自费，用皮卡车拖来锅碗瓢盆，再从单位争取 1.1 万元，改厨又改厕，秦罗平“乔迁之日”，也是他尽孝之时，他把母亲迎进家门，这几年都养两头猪，同时村里又为他安排公益性岗位，从此村里再没有“野人”，只有秦罗平。

“老上访户”成为“老朋友”。谢文玉现年 63 岁，双淹户、后靠移民户、老上访户。他声称脐橙淹没、修建沿江公路“害死”老婆、移民“两金”补偿不到位。母亲残疾，年老多病，儿子上学，妻子去世，现状糟糕。作为直接帮扶人，我隔三岔五“溜”到谢文玉家中“耍嘴皮子”、跑到田里“甩泥腿子”。几个来回，谢文玉对我“言听计从”。2018 年 2 月，谢文玉通过临水避险搬迁补助资金建成新房。我主动借款 1 万元，谢文玉开始喂养山羊。现在见到我来家中，他忍不住说：“你来得太勤便了，就不要来了嘛！”我“毫不介意”，顺势坐在板凳上和他摆起了“龙门阵”。

二是扶贫办法多。大架村严重缺水，没有一条溪沟，也无一座水库。一社枣树坪有 17 户 50 多人，仅有一口饮水池，却因多种原因用不上自来水。召开院坝会 4 次，都没有统一思想。我请示单位领导，出资 2 万元，整理水池，铺设水管，2017 年 10 月，洁净自来水进入每家每户。四社李家湾 10 户人家，实行分散式供水，水源在三社，管道 1 千米，每户 1350

元补助显然不够，我又从单位“挤”现金1万元。

对于患者，也许是“同病相怜”。我之前也曾患糖尿病、高血压。2016年3月，我因脑出血被紧急送往医院抢救。从那以后，我每个月就要从西南医院“整”一批药，早上吃三种，晚上吞四样，其中包括维尔亚、达美康，成为每天“必修课”。同时还需要购买血压计和血糖检测仪，久而久之，我俨然成为“专家”。院坝会时，入户时，我都会带上这两件“宝贝”，义务为村民检查，发现高血压患者10多人、糖尿病患者3人。

“同吃药、同开会、同交流”无疑变成一道“风景”。贫困户李胜太2018年2月24日到医院检查患肝癌、肺癌，我送去单位5000元慰问金。

一社何鑫林从小脑瘫，由父母照顾。2018年3月，我自掏腰包，特意在县城买一个抽水马桶，赠予何鑫林。

三是扶贫扶智多。一个家庭变故，让我发现扶智最关键。2015年9月，一社毕道友不幸患肝癌，3个孩子读书面临困境。我在走访中发现，这种因病因学致贫的还有几家。我第一次向单位领导“伸手”，把2万元慰问金分给毕道友，以及3个孩子各4000元助学金，另外5家获助学金共计1.2万元。

组织留守儿童游主城活动。我早就注意到这样一个“细节”，因为父母外出务工，村里面有不少留守儿童，都还没有去过重庆主城。我开始联络、沟通，最后主城4个公司承接，共投入10万元。2018年1月30日至2月1日，正值寒假期间、春节前夕。我带领15名留守儿童到主城参加“情守童心　爱与同行”关爱活动，这些孩子最大17岁，最小8岁，其中贫困户留守儿童12名。重庆五洲传媒集团董事长徐登权先生亲自向孩子们赠送书籍；孩子们体验海派集团新式教育，现场绘画；参观重庆科技馆，欣赏城市夜景，观看 3D 电影，参加重庆市工商联青年委员会 2018 年年会，收获属于他们的新年礼物。

李玖林就读于重庆工商大学，因陷入传销，2018 年 3 月上旬被解救，但建卡贫困大学生学费资助已过申报时间。我让李玖林将相关材料用快递寄来，自己“跑”县教委资助中心，2018 年 3 月底，5260 元学费资助打卡到位。

不论走到哪里，我心中最为牵挂的是大架村，谈话最多的也是大架村。现在的我已与大架山融为一体。

第二章　如今党的政策好　我要努力往前跑

“小康不小康，关键看老乡。”当前是打赢打好脱贫攻坚战的关键时期。那么，“坚”在哪里？如何攻克？是我们无法回避的重要问题。贫困户作为其中的关键因素，究竟发挥着什么样的作用？

脱贫，不仅需要政府大力推进，更需要全面激发贫困群众内生动力，让他们自觉地与贫穷战斗，走上致富道路。在党员干部的带领下，广大群众感恩党的政策好，自己努力向前跑，不等不靠，奋发图强，自力更生。通过“解剖麻雀”，访谈了几个脱贫致富典型，发现了奉节县为何能在短短几年里实现从“穷脏差”到“绿富美”蜕变的“密匙”。

自愿申请脱贫背后

——奉节县朱衣镇仙女村贫困户吴汉成

30 个鲜红指印　他们自愿申请脱贫

2016 年 7 月，在奉节县朱衣镇仙女村脱贫工作推进会上，吴汉成、胡承保、邓金平等 30 户贫困户现场填写《自愿脱贫申请书》，主动申请摘掉贫困户“帽子”，不再享受国家相关扶贫政策。

2016年7月，仙女村召开脱贫工作推进会，镇政府干部说，家庭人均纯收入超过3100元就达到了脱贫标准，但政府还会一如既往地帮扶下去，真正实现稳定脱贫。

吴汉成心里一划算，家里一年的脐橙收入就有10几万，两个女儿读书也要不了多少钱，老婆病情也有好转，家庭人均纯收入已经达到了脱贫标准。

村里面还有些人跟他的情况差不多，他主动去劝导，说我们应该退出来，让那些真正贫困的人享受政策。现在路通了、水池有了，脐橙就是“摇钱树”，就不要再依赖国家了，自己有手有脚，肯定能过上小康的日子。刚开始，有几户不同意，他就隔三岔五地去给他们做工作。最后左右邻舍30户都愿意跟着他向政府主动申请脱贫，“盖手印的时候大家都很高兴，也觉得很光荣！”

现在，吴汉成的两个女儿在主城都有了稳定的工作，也买了车，车可以直接开到家门口。他们老两口在家种点脐橙，生活过得很充实、很幸福。

路不通　脐橙销售难

吴汉成是在2014年被评为贫困户的。那个时候他的两个女儿都在读高中，每年学杂费加生活费就要3万多。加上老婆生病，一年的药费就要4万元，自己既缺乏资金又缺乏技术，生活十分困难。

“自评定为贫困户后，我的两个女娃娃读书有了保障，她们也很争气，经常拿到学校的奖学金。老婆生病住院也可以报销。帮扶干部还经常入户，为我们送政策、送技术、送资金、送温暖，实实在在地扶助我们，我很感激。”吴汉成说。

脐橙是仙女村脱贫致富的支柱产业，共种植了4848亩，其中有500

亩是晚熟脐橙，每年产量可达 5500 吨，直接经济收入可达 2100 万元。但该村 2015 年以前却有 79 户贫困户，究竟是什么原因导致该村有如此多贫困户呢？

原来仙女村离县城有 30 多千米，路大多数坑坑洼洼，基本不能通车，虽然村里有脐橙产业，可是运不出去，卖不成钱，他们只能把脐橙用扁担往河边挑，再用竹筏往城里头运，运费成本高。吴汉成种了 30 亩脐橙，情况好的话一年也可以产 5 万多斤，但是路不通，来来回回一年收入也就一两万。

水泥路修好了　大货车直接开到家门口

近两年，精准扶贫开始后，驻村工作队与该村村支两委找准“病因”，因“症”施策，硬化了道路、整修了山坪塘和小水库，解决了脐橙灌溉、人畜饮水以及农副产品对外运输的问题。

从奉节县城出发，沿着盘山公路行驶约 40 分钟，便来到朱衣镇，一条平整的水泥硬化路面直通该镇各个乡村。就在 2014 年下半年以前，这条路还是一条狭窄的土路。

而如今，全长 56 千米的沿江北路修好了，连接起三个乡镇，来自陕西、湖北、四川等地经销商的大货车可直接开到种植户家门口收购，运费的成本几乎为零，每斤成本至少节约一元钱。比方说，一亩地生产脐橙 3000~4000 斤，一个种植户如果种了 10 亩脐橙，仅运费就可以省去三四万元。

除了运输成本大大降低，销售时间也变长了。过去，因为担心没有销路，很多种植户会急着在当年 12 月底之前就全部摘果销售，那时只能卖到 1~2 元钱一斤。

路通之后，种植户不必着急了，可以等到第二年的三四月份再卖，那时可以卖到 5 元钱一斤，利润翻了几番。

“2015 年大车开到了家门口，我家的脐橙一下子就卖到 10 万元左右，2016 年又兴起了电商，我女儿在网站上卖出 1 万多斤，比 2015 年超出 5 万块，政府是想方设法地帮我们卖橙子，我家的收入是越来越高。”吴汉成讲到这里喜笑颜开。

路修好后，2016 年仙女村 5000 亩脐橙产量达 5500 吨，产值 2000 多万元，全村农民人均纯收入达到 9100 元。“我家种着十来亩脐橙，现在有四百棵大树开始挂果了，近两年大概有 10 万元的收入，在农村来说可以过上不错的生活，所以我主动申请脱贫。”吴汉成在《自愿脱贫申请书》上按下了手印，骄傲地宣布摘下“贫困帽子”。

一颗“红心”一方“能人”

——贫困户沈道平“翻身记”

人物介绍: 朱衣镇红峡村沈道平在政府扶贫政策的帮助下，靠种植“红心猕猴桃”摆脱贫困，在实现个人脱贫致富的同时，还积极引导周围群众以土地、资金入股等方式加入进来，并雇用贫困户务工，成功带动 8 户贫困户脱贫增收，他也被称为“红心”贫困户。

笔者：我们都知道红峡村海拔 600 米以下以脐橙产业为主，面积达 2800 余亩，属奉节县有名的脐橙大村，成为当地果农致富的“黄金果”，为何你不种脐橙，反而偏爱红心猕猴桃?

沈道平：过去，我家里穷得叮当响，一分钱恨不得掰成两半花，家里的主要收入来源全靠屋后的几十株脐橙树，当初以为是土壤原因或管护问题，种出的脐橙果酸价低，现在看来是我家海拔超过了 600 米，不适宜种植脐橙。

后来我选择外出务工，在河北省石家庄市一处红心猕猴桃果园谋到一份差事。我逐步掌握种植技术，也逐渐了解其营养成分。红心猕猴桃被誉为“维 C 之王”，市场行情看涨。我通过分析，认为红心猕猴桃适宜在自己家乡种植。

笔者：刚开始种植猕猴桃或许并不顺利，为何你一颗“红心”不改?

沈道平：2014 年底，我回家种植红心猕猴桃。当时苗子和土地流转费要 5 万多元，虽说大女已出嫁，但二女、幺女和小儿都还在读书。我借款购买 6000 株红心猕猴桃苗。由于投入过大，难以为继，只有再次出门打工。不过一年光景，红心猕猴桃园已荒草丛生，损失达 1000 余株。

打工挣到一笔钱后，我匆匆赶回家，毕竟这里有我的未竟之业，更是根系所在，2016 年 6 月我创办奉节县望江坡水果种植场，当年收入 4

万多元。第二年申请金融扶贫小额信贷 5 万元，进一步扩大种植规模，收入突破 10 万元。看到人们采摘红心猕猴桃后，即使已到中午，也只得“空腹”而回，我又打起了农家乐“算盘”。

此时，奉节县“亮牌”全域旅游，打造长江三峡第一旅游目的地，县委、县政府对贫困户开办农家乐补助 3 万元。2018 年 4 月 26 日，我的“红峡山庄”正式开门迎客。粗略计算，2018 年农家乐毛收入 8 万多元，红心猕猴桃收入 20 余万元。

笔者：脱贫以后，为何你还要带动一方，帮助那么多人发家致富呢？

沈道平：我曾是贫困户，知道他们的艰难，现在政府的扶贫力度大，我也想出一点力，能帮一个是一个。现在，我种植红心猕猴桃面积达到 100 余亩，桃子、李子等小水果 40 余亩，解决当地 9 户贫困户就业，其中 3 户长期在果园务工，月收入 2400~3400 元。

我的侄儿沈维成看到我在家里干得“风生水起”，心里直发“痒痒”。同样在 2016 年 6 月，他注册奉节县远鹏农业发展有限公司，流转土地高达 530 余亩，以种植红心猕猴桃为主，另有桃子、李子、葡萄、枇杷、柚子等多个品种。

还有一些村民也开始种植红心猕猴桃，我便成为他们的技术顾问。我是贫困户，也是脱贫户，愿全村再没有贫困户！

最“美”贫困户

人物介绍：李美容，太和土家族乡太和社区5组村民，家中6口人，因病致贫。2018年种植烟叶100亩，纯收入13万元。带动当地28户贫困户种烟350亩，帮助张传富、罗庆权等6户贫困家庭就近务工。2019年3月，她被奉节县妇联评为“脱贫致富巾帼带头人”。脱贫后不忘贫困乡亲，带领周边贫困户一起脱贫致富，被称为最“美”贫困户。

笔者：现在你已经从当初的贫困户变成了现在的产业大户，你觉得这得益于什么？

李美容：当然首先要感谢党委政府的好政策，事实证明我们凭双手脱贫是没有问题的，2018年我家种烟纯收入就有20多万元，不光我家脱了贫，还带动几户贫困户和我们一起脱了贫。

笔者：听说你把没有产业支撑的贫困户组织起来，抱团发展烟叶产业？

李美容：最开始，我想把冉龙梅、张家双、张传付这些没有产业支撑的贫困户组织起来，抱团发展烟叶产业，实行风险共担，利益共享，合作共赢，用我的技术和管理经验，带领他们共同致富。

驻村工作队队长龙国安和村支两委都很支持。我自告奋勇当起了“抱团组”组长，龙队长他们上门做其他几户贫困户的工作，共同规划2019年的产业。贫困户张家双开始的时候十分犹豫，他说他从来都没有种过烟叶，一无技术，二无经验，怕种不好，便耐心细致地给他讲扶贫政策，算收入对比账等。张家双一家人听后豁然开朗，很快就签订了合同，并入股种植烟叶10亩。

笔者：现在的烟草产业发展得越来越好，驻村工作队和村支两委给你提供了什么帮助吗？

李美容: 帮助很大。为确保我们4户贫困户抱团发展有一个好的收获，驻村工作队安排专门的烟草技术人员入驻到户。为防御自然灾害，烟草公司还给我们买了种植保险，激励我们放心种烟、安心种烟。现在我们4户贫困户抱团发展烟叶共有18人，劳动力10人，合同种植签订120亩，户均30亩。按照常规预测，可创产值48万元，纯收入24万元，户均增收6万元。

身残志坚　用“跛脚”撑起一个家

人物介绍：廖良琼，汾河镇大坪村人，47 岁，右脚残疾。丈夫因一次意外失去劳动能力，家里的一切都需要她的照料。十几年来，面对各种困难和压力，她一边努力养鸡挣钱，一边悉心照顾丈夫和儿女。2016 年，驻村工作队为其量身定制了养殖帮扶计划。她积极参加养殖技术培训，2018 年收入 2 万元，靠着自身的坚强和努力，不仅摘掉了“贫困帽”，更用“跛脚”撑起了一个家，被评为 2018 年度“感动重庆十大人物”。

笔者：最开始你的生活也是很幸福美满的，是什么原因让家庭的重担都落在了你一个人身上？

廖良琼：我出生于大坪村一个贫寒的家庭。小时候一次意外导致右脚受伤，因没钱治疗而落下了病根，成了“跛脚”。那时家里穷，自己又是残疾人，总会遇到一些别人的小议论。当时就想着自己一定要努力，赢得他人的认可。

转眼到了成家的年纪，我与同村老实憨厚的胡先国结为了夫妻。婚后，老胡主外、我主内，恩爱和睦、相敬如宾，3 个儿女的相继出生更给这个家庭增添了不少欢乐，日子虽然清贫，却温馨幸福。

然而，2006 年，这样的幸福戛然而止。8 月的一天，老胡到屋后摘核桃，不慎从树上摔下来，立即送往医院治疗，却被诊断为脊髓断裂。

听到医生的诊断，我瞬间崩溃。他是家里的“顶梁柱”，这可啷个办呀！

笔者：现实是残酷的，丈夫要治疗、孩子要上学，全家要生存，生活来源从哪里来？

廖良琼：我只有积极面对，隐藏心酸与泪水。老胡住院治疗一个多月，一共花费 3.5 万元，家里负债累累。为了维持生计，我拿出硬气，咬紧牙关、擦干泪水，面对现实，与命运抗争。

随着病情的逐步稳定和好转，我们俩商量后决定回家进行保守治疗。于是，我既干起“护士”的工作，又挑起了家里的经济大梁。每天凌晨 4 点起床，做早饭、喂药、擦洗、按摩、康复训练、照顾孩子、喂鸡、种地……一天下来，早已筋疲力尽，可也不能休息。

一个暑假，我和小儿子一起到地里去翻红薯叶，结果被蜜蜂蜇了当场晕倒。眼前的一幕吓了儿子一大跳，他立马叫来亲人把我送往医院，经过 3 个多小时的抢救我终于苏醒。

提大桶、背重物、累晕倒、脚摔断……无数个起早、无数个贪黑、无数次拭去眼角的泪水，一次提不动分两次、一天种不完的菜就种两天……我就在照顾丈夫和维持生计中不停地忙碌着，无怨无悔。

笔者：听了你的讲述，我们也觉得十分心疼，后来生活有好转吗？

廖良琼：在我们的努力下，生活正在渐渐变好，我省吃俭用，一边还债、一边维持着家里的正常生活。2009 年，我们挤出 150 块钱买来一辆旧轮椅，卧床 3 年的老胡也终于可以出房门，看看外面的风景了。在我的悉心照顾下，丈夫的心态渐渐平缓下来。

2014 年，我们一家被纳入了贫困户。现在小儿子也上中学了，我们一家在好政策的帮助下，生活逐步走上了正轨。然后我就开始想如何摘掉“贫困帽”的问题了。

笔者：为了摘掉这个“贫困帽”，镇、村干部和驻村工作队根据你们家的实际情况，量身定制了养殖帮扶计划，你又做了怎样的努力？

廖良琼：有了好的政策，也得自己好好想想门路，也得靠自己的努力摘掉“贫困帽”。零散地种庄稼、养猪、养鸡、喂牛，每年挣的钱也只够基本的开销。于是在 2015 年，我向亲朋好友借了几千块作为本钱，买了 100 多只鸡苗开始搞养殖。然而由于不懂技术，鸡死了一半。第二年，镇、村干部和驻村工作队在了解到我家的情况后，针对我家的实际情况，量身定制了养殖帮扶计划，他们想通过发展产业，尽快让我家脱贫致富。

在镇、村干部和帮扶责任人的帮助下，我的养殖场很快就建立起来了，500余只鸡苗也顺利“入驻”。我不仅积极参加养殖技术培训，还时常主动请教。功夫不负有心人，鸡苗成功出栏售卖，还挣了几千块钱。

政策给力，我的信心更足了，2017年我们养了800只鸡，挣了一万多块钱；2018年我们养了1000多只鸡，挣了两万多块钱。

笔者：现在你丈夫的病情有好转吗？听说他还在给你帮忙？

廖良琼：看着我的勤劳和冲劲儿，丈夫也“坐”不住了，他主动承担起“会计”一职，趴在床上一笔一画地记录着每天的收入与支出，他还请人改造了一辆农用三轮车，在车上搭起简易木板床，并成功取得了残疾人驾驶证，当起了“销售经理”。

第三章　全面小康　决胜在合力

2010 年，按照党中央、国务院统一部署，山东省与重庆市结对开展扶贫协作。同年 11 月，山东省确定滨州市对口帮扶奉节县，两地正式“联姻”。“东西协作”以来，山东省滨州市用真情、扶真贫，支持奉节县财政资金 6743 万元，实施各类援建项目 63 个，扶贫协作成果惠及贫困人口 3 万余人，为推动奉节县脱贫攻坚发挥了重要作用。

2011 年以来，滨州市按照东西扶贫协作援助资金每年递增 10% 的要求，持续加大资金投入力度，以“滚雪球”的方式深入开展“输血式”扶贫。

2017 以来，滨州市挑选 110 名“三支”专业技术人才到奉节县工作，建立一对一帮带关系。他们把奉节当成自己的第二故乡，坚守岗位、潜心医疗、认真教学、交流经验、共享资源。他们与学生成为“挚友”，为患者带走病痛，为农民送去技术，以自己的力量，推动奉节教育、医疗、农业健康蓬勃发展。这些专业人才在各自的岗位上发光发热，贡献着自己的力量，究竟有怎样的心得体会和现实感悟？笔者通过访谈带领大家一起走近他们。

奉节支医支教群英谱

王明辉——不忘初心讲奉献

我“支医”永安街道卫生服务中心。到来第一天，我就坚定了一个信念，那就是：我是来工作的。正值奉节县国家基本卫生项目组考核，于是我责无旁贷地加入了迎接考核队伍中。我将山东的好经验、好做法与当地实际有机融合，整理重点人群和居民健康档案，认真仔细地查找、修改档案中的空项、漏项、错项，审核、校对档案前后的一致性，补缺档案中的表单，整理档案600余份。

考核结束后，我积极参与总结讨论，分析工作中存在的问题与不足，提出合理整改建议，形成整改报告并进行反馈。

我积极参加永安街道六项专项治理活动现场的义诊活动，为前来就诊人员查体，详细讲解保健知识和慢性病注意事项，向过往群众发放宣传资料和明白卡，使永安街道滨河社区和竹枝社区居民保健意识大大增强。

基层公卫不好干。工作之余，我精心制作学习课件，为公卫工作人员开展讲座培训，详细讲解居民健康档案、老年人管理、慢性病管理等项目，逐条说明建档中容易出错的问题和考核标准要求。

我的学习态度与敬业精神得到了院领导和同事们的高度认可。我希望在我有限的挂职时间里能干更多的工作，尽我所能为当地公共卫生事业出力加油。

孟红秀——奉节支医路　最美鲁渝情

我到奉节县人民医院消化科进行为期3个月的医疗帮扶工作。

消化内科病种较复杂，疾病谱较广。我尽快融入科室工作，每日早查房，参与疑难复杂问题讨论，定期举行科内业务讲座。

胃镜室一天平均做 40 例病人。奉节县人民医院简化的静脉麻醉流程，值得我们学习。一个内镜护士、一个实习护士、一个内镜医生、一个麻醉医生、一个不足 10 平方米的小屋，就能完成一天的工作。

在日常工作之余，我随支援的专家们到兴隆镇高坪村义诊，这里海拔 1000 多米，刚进初冬就开始下雪了。患者已经早早地等在那里了，我们立刻按照各自的学科领域，给患者答疑解惑，对他们仔细询问和查体，并给予他们建议和意见。义诊的屋里没有取暖设施，但场景甚是热情，看到山里人朴实的笑容，我们由衷地希望能给他们带来点滴帮助，解除或缓解他们的病痛。

这段支医的日子，注定要在我的人生中留下深刻的记忆，也让我在今后工作中更加努力地为医疗事业奋斗终身。

高庆祥——砥砺奋进支教行　初心不变鲁渝情

我分配在奉节教师研修中心担任信息技术教研员。丁勇老师在我的指导下，勇夺重庆信息技术教学基本功大赛一等奖，成为奉节信息技术获市一等奖第一人，我也荣获优秀指导教师一等奖。在我的积极策划下，滨州市滨城区教育局与奉节县教委举办“共同提升　协同进步”的联谊教研活动，为滨奉教学和教研深入交流掀开了新的一页。

我还兼做研修中心办公室工作，管理电子政务网络平台，处理文件 40 多篇；管理“夔州教研”网络宣传平台，做好教研书籍编纂工作，整理文件 38 篇。

我还承担冉仁福、冉仁足和彭光安 3 户贫困户的帮扶工作：帮助冉仁福申请低息贷款 5 万元发展脐橙产业，定期了解冉仁足养殖和因残致贫的彭光安住房情况，他们都成了我的好朋友。

韩迎春——千里支教到巴蜀　春风化雨润夔州

我第一项工作是担任国培计划（2018）小学科学的坊主。坊主是教师专业发展的同行者，更是工作坊的专业主持人。我将学员按照发展梯度进行搭配分组，建立学习共同体，确定研修方向，设计“科技之光照亮夔州”的坊徽，构建工作坊文化，带领老师们开启研修之路。

引领兼职科学教师走好小学科学的专业发展之路。为此，我确定小组研究课题，制订详细计划，把新版《小学科学课程标准》电子版上传到国培 QQ 群，供老师们下载学习，对每个老师的作业进行回复和点评，结合网络研修和线下磨课交流提高教师水平。

开办“一节好科学课的几个重要指标”的专题讲座。我的做法得到领导和老师们的好评，出色的研修工作得到中国教师研修网专家的高度评价。

王由才——痴心终不改　深情育人才

我承担奉节县夔门高级中学八年级两个普通班的教学任务，制订班规班约，从行为习惯抓起，促使学生学习习惯好转、课堂效率提高。

我在教研会上积极发言，共同商讨先进的教学理念，提升业务水平。我组织老师们把物理课的改进实验汇拢起来，群策群力，把教研活动落到实处。不断加强夔门高级中学和无棣县第一初级中学的联系，把学科网上的账号和密码在夔中微信群公开，老师们可以自主下载网站上的教学资源。我多次联系浙江温州扬光教育有限公司，捐赠给夔门高级中学实验器材 40 套。

我爱生如子，冒雨走出 3 里多地为家庭困难的吴美林同学买来了鞋子换上，并惊喜地发现他的学习热情更高涨了。

第四章　社会化扶贫的“启动力量”

习近平总书记指出，调动各方力量，加快形成全社会参与的大扶贫格局。奉节县坚持以脱贫攻坚统揽经济社会发展全局，以社会扶贫作为推进全县脱贫攻坚的重要抓手，紧紧围绕“两不愁三保障一达标”工作要求，注重区域发展与精准到户、贫困村和非贫困村均衡发展相结合，全力以赴、合力攻坚，高质量完成贫困县退出工作。

剑桥女博士回乡开启“山橙时代”

人物介绍：彭阳，女，29岁，重庆安益佳实业股份有限公司总经理。在英国剑桥大学获得博士学位，在校担任剑桥大学学联主席，并以优秀华人留学生代表身份受到李克强总理接见。回国后创立奉节脐橙“山橙时代”品牌，企业年产达到4000吨，收入近4000万元，带动1000余户果农增收致富。2017年，奉节脐橙“山橙时代”获得“中国农业品牌金穗奖”、国际智慧农业博览会“智慧农业好项目奖”。个人获评2017年“感动重庆十大人物”。

笔者：你不到10岁就离开奉节，后留学剑桥，为什么会想到毕业之后又回到家乡创业呢？

彭阳：1999年，我离开奉节，后以6个A的优异成绩考入英国剑桥大学，在那里我用了9年的时间连续攻读了学士、硕士、博士学位。我始终不能忘怀家乡最美的味道——那一颗颗伴随我成长的小山橙。

每每从远方归家，我总能看到亲人们为种出好橙而付出的艰苦努力，这在我的心中悄悄埋下了梦想的种子——将大山专属的味道带出大山，分享给更多人！结束剑桥求学之旅后，我毅然回到奉节这座生我养我的小城，创办了奉节脐橙领导品牌“山橙时代”，开始追寻心中的创业梦。

笔者：要打造属于奉节的脐橙品牌谈何容易，在创业这条道路上想必你一定吃了不少苦，花了不少工夫？

彭阳：秉承对家乡的忠诚热爱，我决定传承前辈之路，以匠心为家乡的每一颗山橙创造价值、赋予定义。我期望活出自己的心声与理想，与果农并肩作战去创造一颗山橙的极致。

2008年，归国后的我与一群志同道合的朋友创办了重庆安益佳实业股份有限公司——一家专门从事特色农产品种植采购、深加工、储存运输、销售的民营企业。

2016年6月正式启动了专门针对奉节脐橙产业的“山橙时代”项目，“山橙时代”品牌正式建立。

“可以喝的橙子”是我小时候在作文里对奉节脐橙的描述，也是我对奉节脐橙最特别的记忆。现在它成为“山橙时代”品牌本质的直接表现。饱满多汁、脆嫩化渣的橙果正是大山的馈赠，也是我想要与大家分享的真诚。“山橙时代”将不断提升对细节的追求，不断完善供应链每个环节的品控，让奉节脐橙始于汉代的优良品质得到传承和创新。

笔者：“山橙时代”在带动贫困户发展上面做了些什么？

彭阳：在精准扶贫方面，“山橙时代”是以发展奉节脐橙六次产业的模式探索出的崭新路径，其帮助众多果农实现了脱贫致富，扶贫成就更是获得了“2018 年全国果业精准扶贫功勋企业”奖项。

公司通过整合脐橙全产业链，建立了 2000 亩自有基地和 6000 亩“公司 + 农户合作基地”，直接带动了 1000 余户果农增收致富，成功帮助了 100 余户贫困家庭实现脱贫，同时带动了 150 多人就业。

贫困山区的致富带头人　贫困家庭的脱贫主心骨

人物介绍：林桥，42 岁，中共党员，龙桥土家族乡蜀鄂村人，现任奉节县鑫桥农业开发有限公司董事长。他从一名返乡创业人员一跃成为远近闻名的“蔬菜大王”；他引领带动当地群众种植反季节蔬菜 15000 多亩，实现年产值 5000 万元以上，让绿色蔬菜成为高山乡镇的支柱产业。

奉节县鑫桥农业开发有限公司先后获得“奉节县家业产业化重点龙头企业”“奉节县优秀私营企业”“重庆市民族团结先进集体”等称号；林桥曾当选重庆市第三届劳动模范、重庆市第三届、第四届人大代表，被评为 2011 年重庆市优秀共产党员、2012 年重庆市科普惠农带头人、重庆市首届“十佳”返乡创业明星。

笔者：你有今天这样的成就着实不易，能不能分享一下你的人生经历?

林桥：1993 年，我高中毕业后，便远赴河南砖厂打工，后又辗转来到山东寿光蔬菜基地做经纪人，我敏锐发现其中商机无限，便将经纪人活动流程记录了下来，准备将来回乡创业。2002 年，我联系到广州江南蔬菜批发市场的一位老板，一边负责生鲜配送，一边学习和观察批发市场的运作方式，积累了经验。

2003 年，我回到家乡，依靠打工赚回来的经验和资本，结合本地特色，个人投资 150 万元承包土地 300 多亩，利用当地 1200~1800 米的海拔优势，发展高山无公害反季节蔬菜。

施行“订单农业”模式，跟周边农户协作发展。2005 年成立奉节县鑫桥农业开发有限公司，让越来越多的农户加入蔬菜种植专业合作社，真正实现“百姓发财，公司发展”的目的。

笔者：成功并非偶然，它总是留给有准备并能坚持到底的人，那成功之后你又是如何带动当地村民发家致富的呢?

林桥：公司积极履行“企业帮村，产业带动”的责任，采取“公司 + 基地 + 专业合作社 + 农户”的发展模式，按照“产前投入、产中技术指导、产后合同价回收”的方式，以“订单农业”示范带动龙桥土家族乡 5 个村 2000 多户村民，对所有贫困户交售给公司的蔬菜给予 40 元每吨的额外补助。

很多贫困户逐渐富裕起来了。现在公司帮带的村民中还有深度贫困户 21 户，我把这 21 户当成重点照顾对象，采取“无形股”的方式进行帮扶，同时聘用他们到公司务工，加上土地分红等利好，有信心在一年的时间里让这些农户脱贫。

笔者：种菜也需要前期投入，那么深度贫困户这部分资金从哪里来?

林桥：季节性务工村民每天将近 100 人，按件计算，多劳多得，平均一天有 150 元的收入，我一年支出的务工费就有 80 多万元。选择工人时，我尽量优先聘用贫困户，这样在土地之外又多出一笔不小的收入，同时坚持亲自为每户贫困户送去 1500 元“先分红后种菜”的分红款项。

“乡坛子”做出大文章

人物介绍：汪丽平，女，汉族，中共党员，重庆市汀来绿色食品开发有限公司董事长，重庆市第二届人大代表，奉节县第十四、第十五届人大常委会委员，奉节县工商联(总商会)副会长，重庆市女企业家协会理事、重庆市食品工业协会理事。

笔者：您当初是怎样想到要成立重庆市汀来绿色食品开发有限公司的呢？

汪丽平：我曾经是一名光荣的人民教师、一名让人羡慕的国有企业管理干部，后来却成为一名下岗职工。

面对失业后无所事事的现实，我也曾失落过、彷徨过，也深感无奈……

但我毕竟是一名受过磨砺的共产党员！思想上绝不能下岗！

1999 年 1 月，我自筹资金 50 万元创办第一个企业——奉节县金马物资贸易有限公司。在取得一定的资金积累后，我没有小富即安的思想，受事业心和责任感的驱使，我用敏锐的目光审视着与自己命运相似的一批又一批下岗职工、山区贫困农民贱卖甚至卖不出的蔬菜等农副产品、广布民间的“乡坛子”泡菜精湛工艺。

2001 年 4 月，由我领军的一个专门从事蔬菜、野菜深加工的食品企业——重庆市汀来绿色食品开发有限公司成立，我任董事长兼总经理。

笔者：您的创业之路可以说是非常顺利的，在其中有没有遇到什么挫折？

汪丽平：挫折是肯定的。公司成立当年，我带着自己生产的泡菜参加武汉食品博览会和北京中国国际农业博览会，产品获得中国国际农业博览会金奖。

产品卖出去了，却亏了几十万元，原因是规模太小，一年的产量不足 100 吨；生产成本降不下来，本地的工业配套能力差，公司所需的机械、包装袋等生产材料要从外地购进；产品销售市场又远，交通费用居高不下。

到 2004 年，公司一直处于亏损状态。我很想就此放弃，但有些于心不忍：一方面，公司生产的泡菜不是卖不出去，而是供不应求；另一方面，公司的 10 多名员工大多是下岗职工，我不想看到他们再度失业。

我决定在规模上进行突破，在农民家里进行初加工，将坛子改为水泥发酵池，走“公司 + 基地 + 农户”产业化发展之路。

几年来，公司借助移民迁建、库区产业发展及国家对农业产业化扶持等大好机遇，致力于在移民搬迁中做大，在产业扶持中做强，在市场拓展中逐步完善成熟。公司终于克服资金、技术、规模等各种困难，步入良性发展阶段，成功迁扩建公司办公楼、加工厂房，建成年产 10000 吨成品菜的加工生产线。

笔者：从小企业到龙头企业，你们在制作工艺上有哪些创新？

汪丽平：创新水泥发酵池制作泡菜。使用这种发酵池，不仅使生产规模大幅提升，还解决过去用陶坛生产存在的盐分不均、口感不一等技术难题，使泡菜保持原有的风味，生产成本也节省了 30% 左右。与此相关的“臭氧应用技术”“大头菜脱水装置”“水密封腌制池技术”“浓缩泡菜汁生产技术”“外包装设计”等 5 项技术获得国家专利。

笔者：听说您还在积极扩大市场，产品已经远销海内外？

汪丽平：近年来，公司在巩固重庆、北京、天津等老市场的基础上，重点拓展长沙、南京、郑州、襄阳等新市场，产品销往全国 30 多个大中城市和地区，进入家乐福、沃尔玛、新世纪等大型连锁超市。2006 年 11

月首次组织产品自营出口美国、日本。

笔者：你们又是如何带动产业发展和帮助贫困户脱贫增收的呢？

汪丽平：我为200多名农村移民及下岗失业人员提供稳定的就业岗位，带动3000多户农民参与种植及初加工实现增收。除此之外，我还积极投身产业扶贫，创新“公司+基地+合作社+贫困户”精准扶贫带动模式，建立公司和贫困户利益联结机制，发挥农业龙头企业领头人的先锋模范带动作用。

我还在永乐镇长凼村、铁甲村，竹园镇百步村、建设村等村投资600多万元建立蔬菜种植基地，实行“公司+基地+贫困户”模式带动当地贫困户发展产业，提供就业岗位148个，带动贫困户74户，户均增收1.5万元。

第五篇

经验与启示

第一章 “八到户八到人”

习近平总书记曾指出，扶贫、脱贫的措施和工作一定要精准，要因户施策、因人施策，扶到点上、扶到根上，不能大而化之。重庆市提出“提高政治站位、落实精准方略、取得实际效果”的工作要求，把精准贯穿脱贫攻坚全过程，坚持问题导向，坚持目标标准，坚持精准施策，做到扶真贫、真扶贫、真脱贫，切实落实好党中央关于脱贫攻坚各项决策部署，团结一致、沉心静气，深化落实、见诸行动，推动全市脱贫攻坚工作迈上新台阶。

奉节县地处三峡库区腹心，是国家扶贫开发工作重点县，全县有建档贫困村135个，建卡贫困户34000多户，为全市贫困人口最多、贫困程度最深、脱贫攻坚任务最艰巨的地区之一。近年来，针对脱贫攻坚工作中存在的对象不准、政策不清、作风不实、群众不认、效果不好等问题，重庆市奉节县深入践行“八到户八到人”工作法，确保小康路上不落一户、不少一人，坚决打赢脱贫摘帽这场硬仗。

一、干部到户，见面到人

按照“干部共赴一线、机关只留一人”的要求，奉节县推行干部进村入户、户户必见干部。一是“四访”全覆盖。开展干部大走访，全县8000余名干部走访群众74.05万人次；开展教师家访，228所中小学幼儿园教师家访学生近14万人次；医生巡访，2399名医务人员巡访群众7.14万人次；农技随访，农技专家进田间、科技特派员进院坝，解决各类农业产业技术难题210件。二是管理“网格化”。由各乡镇党政主要领导任总网格长，联系村领导任村级网格长，乡镇驻村联系干部、驻村工作队、村五职干部任网格管理员，对辖区内户籍人口划片包干，开展精准识别、精准帮扶、动态管理等工作，精准解决“扶持谁、怎么扶”的问题。三是实施“硬十条”。出台脱贫摘帽纪律十条，明确扶贫工作团长每月蹲点调研4天、帮扶责任人每月走访4次8天，乡镇干部一律禁止“走读”，乡镇党委书记免职不免责等措施，全县已处理脱贫攻坚工作落实不力、扶贫资金监管不规范等问题干部共90人，确保“人人肩上有担子，个个身上有责任。”

二、宣传到户，引导到人

全面加强脱贫攻坚宣传引导，做到村村宣传、社社响应，户户知晓、人人明白。一是开办“脱贫攻坚讲习所”。坚持全域讲习、全时研习、全面学习，既培训干部又培训群众，推行一次村情介绍、一个全县宣传片、一打政策PPT讲解、一部脱贫电影，开展讲习所810场次，参与干部群众达2.5万人次。二是开展“两回两讲两解”。以“一张亲情照、一份意见表、一次村党课、一场院坝会、一个遗留问题、一件民生实事”为抓手，组织 700 余名县管领导回乡回访、讲政策讲变化、解民怨解难题，召开院坝会 1215 场次、讲党课 1100 场次、走访群众 2.3 万人，化解疑难问题 2574 件。三是推行公示公开“六个一”。规范村两委会议、村民自治组织商议、群众代表评议、监督委员会审议，推行一封公开信、一个公开栏、一份便民服务挂历、一张监督举报卡、一套自办广播和一个村级微信群，对扶贫政策、村级事务等全面公示公开，村级事务公开率达 100%。

三、政策到户，落实到人

按照“一户一策、一人一法”要求，推行贫困户“点菜”，政府“买单”，确保把每一项扶贫政策都落实到户到人。一是建立户情数据库。在全覆盖走访中，逐户收集涵盖人口、健康、劳动力、生产资料、收入、资源环境等基础信息，精准建立标准化户情档案 24.5 万份，全面客观准确地反映群众家庭情况，对照户情甄别贫困户，量身定制帮扶措施。二是推行“一卡一册一袋”。对 3.4 万户贫困户实施分色挂牌、分级管理、分类帮扶，深度贫困户挂红牌卡、未脱贫户挂黄牌卡、已脱贫户挂蓝牌卡，逐户上墙脱贫攻坚明白卡，发放标准化扶贫手册和资料袋，让贫困户和帮扶责任人基本信息上卡、帮扶成效入册、扶贫资料入袋。三是推出 32 个“政策包”。32 个行业扶贫部门整理梳理惠民政策，分行业、分条块兑现扶贫政策，全面推行“一讲两帮三看四问”，教育资助 12.1 万人次，健康扶贫 3.04 万人次，实施住房改造 2.34 万户，易地扶贫搬迁 31488 人，巩固提升 21.5 万户安全饮水，“四合一”政策兜底 13575 人。

四、问题到户，解决到人

因人因户、因贫因困，抓重点、补短板、强弱项。一是探索集中供养。针对失能贫困家庭信心不足、脱贫致富难等问题，探索建立贫困家庭和农村五保失能人员集中供养模式，建成3个集中供养中心，集中供养贫困家庭失能人员453人，释放劳动力680余人。二是织密医疗五张网。着力解决“因病支出型贫困家庭”，构建“城乡居民合作医疗保险、城乡居民大病补充保险、民政大病医疗救助、精准脱贫保险、贫困户医疗救助”五张网，在全市率先实行报账“一站式”结算，全县建档立卡贫困患者平均自付比例仅8%。三是创新金融扶贫。创新3万~5万元金融扶贫小额贷款产品，为15670户贫困户发放贷款7.18亿元。四是实施网络扶贫。深入推进实施“网络扶贫”工程，引进阿里巴巴等大平台，打通农村物流线路4800千米，农特产品上行累计28亿元；建立网上村庄站点30个，将300家农家乐链接上线运营。

五、产业到户，收入到人

围绕“一人一亩高效田、一户一个标准园”，推动家家有产业、户户能增收。一是主导产业100%覆盖贫困村。布局发展“4+3+X”特色产业，低山脐橙35.5万亩、中山油橄榄13.2万亩、山羊养殖20万只、高山蔬菜30万亩、烟叶4.15万亩、中药材14.1万亩，实现贫困村全覆盖。二是技术服务100%覆盖贫困户。探索“龙头企业+技术培训”“能人+技术分享”等模式，建立每名专家定点联系10名乡镇产业技术人员，每名技术人员联系10户产业技术推广示范户，每户示范户带动100户贫困户的“1+10+10+100”网格化服务体系。三是利益联结100%覆盖贫困户。每年开展3500万元以上的农业项目财政补助资金股权化改革，推广“公司+基地+贫困户”“集体经济+贫困户”“订单农业+贫困户”等模式，推动新型农业经营主体与贫困村、贫困户的利益联结全覆盖，实现稳定持续增收。四是集体经济100%覆盖村集体。对示范村每年投入不少于100万元、其他村每年不少于20万元的补助，在376个村发展集体经济，80%以上集体收入用于贫困户分红。

六、帮扶到户，志智到人

扶贫先扶志、扶贫必扶智，落实32个帮扶团长、165个帮扶单位、376个驻村工作队、8834名帮扶责任人到村到户开展帮扶，全面激发群众内生动力。一是“创业就业”扶志。坚持培训一人、就业一人，以创新带动创业、以创业带动就业，仅2018年，实施技能培训10157人次，转移就业8687人，落实公益性岗位2918个，孵化小微企业370个，让老百姓懂得“既要苦干，更要巧干”。二是“教育教化”扶智。提炼出“奉公守节、自强不息”的奉节精神，继承勤爬苦做的优良文化传统，通过一系列活动、标语、讲解等群众喜闻乐见的方式，改善贫困群众的认识偏差和消极心态，引导贫困群众从思想上、精神上增强战胜贫困的内生动力。三是“两抓两树”扶心。推行“抓示范、抓典型，树榜样、树模范”工作方法，典型引路，以点带面。挖掘知恩感恩、自力更生、勤劳致富先进典型46人，通过村民讲台、专访报道等方式，发出好声音、弘扬正能量，引领社会风尚。

七、环境到户，文明到人

全面开展农村人居环境“革命”，美丽乡村，净化人心。一是实施农村人居环境“五改”。对有人居住且为唯一住房的贫困户，完成改厕13400户、改厨20605户、改水9913户、改院坝24万平方米、改立面6453户，农村环境极大改善、生活质量较大提升。二是开展“清洁家园·和谐邻里”活动。以农村家庭为重点，组织和引导农户搞好庭院绿化、家禽家畜归圈，改善农村环境卫生。广泛开展“清洁家园·和谐邻里”活动，评比出清洁家园示范户、孝敬老人光荣户、团结友爱先进户，让群众生活环境更加优美、和谐氛围更加浓厚。三是推进“文明奉节、礼仪诗城”行动。以创建全国文明城市为契机，开展“奉节道德讲堂”“好人在身边”讲座100余场，评选群众身边的文明家庭900余户，实现诗承千年、德润万家；建立结对联创机制，宣讲“十不”公约200余场；推行群众自治，有效整治熏腊肉、乱丢乱扔等群众反映强烈的事项，城乡面貌明显改观。

八、效果到户，满意到人

坚决打好打赢脱贫攻坚战，一是实现“两不愁三保障一达标”。累计建档立卡贫困户34185户、124425人，2015年至今实现31570户、123373人年均收入达标，保障义务教育阶段适龄儿童入学5672人，新增1290人纳入新农村合作医疗保险，实施贫困户危房改造7169户、易地扶贫搬迁7763户。二是解决“八难八有”。奉节县135个贫困村，每村投入150万元解八难、建八有，实现128个村整村脱贫；市级深度贫困乡镇平安乡，在市上投入基础上每年再配套1000万元，11个县级深度贫困乡镇每年安排500万元，20个深度贫困村每年安排300万元，用于夯基础、育产业、促增收。241个非贫困村，按照“缺啥补啥”的原则，每村安排100万元用于基础设施建设，实现贫困村与非贫困村均衡发展、贫困户与非贫困户均衡受益。三是提升“三率一度”。严格监控扶贫资金、项目，确保用好每一笔资金。努力将全县及贫困村贫困发生率控制在3%以下，零错退、零漏评，满意度达到99%，确保如期顺利通过国家级验收。

第二章　创新实践四访工作法

奉节县地处长江三峡库区腹心，集大山区、大农村、大库区于一体，是国家扶贫开发重点县。近年来，奉节县坚持以习近平新时代中国特色社会主义思想为指引，探索创新干部走访、教师家访、医生巡访、农技随访“四访”工作法。

一、干部走访，思想上扶志

脱贫攻坚以来，奉节在农村的投入之大史无前例，带来的变化天翻地覆，但仍有部分群众得好不觉好、得好不感恩，更有人“靠着墙根晒太阳，等着别人送小康”，出现了“有获得却无感”的效果悖论和“干部干、群众看”的尴尬局面。为破解这种困境，全县8000余名干部走访群众74.05万人次。

（1）坚持“一网覆盖”。开发“23188”户情大数据系统，健全“一网覆盖、责任到人、任务明确、一包到底”的网格化管理体系，33个镇街分村分组设立网格 2105 个，落实网格管理员 3664 名，确保每个院坝有网格员，每个家庭有对接干部，每名干部有帮扶对象。坚持每月吃一顿农家饭、住一晚农家屋、干一天农家活、开一次家庭会、做一件贴心事，干部把群众当亲人，群众把干部当家人。以前群众办事难上加难，现在干部帮扶到户。

（2）落实“八个到位”。将“干部到户、见面到人，宣传到户、引导到人，政策到户、落实到人，问题到户、解决到人，产业到户、收入到人，环境到户、文明到人，帮扶到户、志智到人，效果到户、满意到人”作为干部走访基本要求，到户看院子、抬眼看房子、伸手开管子、进门开柜子、走近问身子、坐下问孩子，动态掌握每户家底。及时录入“23188”户情大数据系统，确保贫困对象一个不漏、一个不错。

（3）提升“两力两感”。聚焦群众“致富能力、内生动力”和“获得感、幸福感”，深入开展“两回两讲两解”，与群众交心谈心、将心比心、以心换心、心心相印，引导群众树立主体意识，发扬自力更生精神，变“要我脱贫”为“我要脱贫”，3500 余户贫困户主动申请脱贫。邀请奉节籍领导干部回乡回访，召开群众会、院坝会，与群众谈村务、拉家常，讲变化、讲政策。针对群众关心的贫困户评定、低保户评议、危房改造、道路建设等热点难点问题，及时回应、正面引导。708 名领导干部主动回乡回访 1856 次，召开宣讲会 712 场次，收集群众建议 428 条，推动 24 个民生项目落地。挨家挨户建户情档案、解民怨民难，有些问题突出的甚至来回走了 10 多次直到把问题解决好。最终户户住上了安全房，家家用上了自来水，几乎村村通了柏油路。生活一天比一天好，乡亲们脸上洋溢起幸福的笑容。

二、教师家访，根子上扶智

扶贫必扶智，治穷先治愚。全县开展教师家访，228 所中小学幼儿园教师家访学生近 14 万人次。8634 名教师通过校讯通、微信群、QQ 群等，实时把学生学习生活情况传给 10 多万名外出务工家长，促进家长与留守儿童沟通交流，开展贫困学生关爱行动 3.5 万人次，帮助贫困学生 2.5 万名。一个时期，奉节贫困家庭辍学较多，留守学生更是超过 3.3 万名，一些家庭越贫穷，越想子女早点打工挣钱。奉节坚持教育均衡发展，把优质资源向农村倾斜，不让一个学生因贫困而辍学失学。

（1）抓好“三送一帮”。推行教师和贫困学生“结对子”，每月送“育”上门；组织老师当好孤儿、留守学生的“临时家长”，定期送“爱”上门，开展心理辅导，鼓励自信自强；组建“移动学校”，为失明失聪、生活无法自理的孩子每周送“教”上门。142 名重度残疾、生活无法自理的孩子在家平等享受教育。成立“放学加油站”，开展作业辅导、兴趣培训等个性化帮扶，确保学生晚走可留校、留校有陪伴、陪伴有温度。

（2）开展“三讲一听”。教师入户家访期间，讲学生表现，让双方相互了解孩子成长，当好教育的贴心人；讲资助政策，让家长熟知孩子享受教育资助情况，做好政策的明白人；讲家庭教育，给家长传授教育技巧经验，当好孩子的引路人。听取意见建议，针对性地改进教育方式方法，和谐家校育人环境，促进孩子成人成才。

（3）实行“三进一保”。邀请家长进学堂，协助学校日常管理，为教育发展出谋划策；邀请家长进课堂，组织“家长授课”“随堂听课”，促进教育质量提升；邀请家长进食堂，建立“家长值日”制，参加义工活动，监督学生餐饮质量。保障从幼儿园到大学的“三免一补”教育资助体系全面落实，无一遗漏。

三、医生巡访，健康上扶弱

全县开展医生巡访，2399 名医务人员巡访群众 7.14 万人次。以前，“看病难、看病贵、看病很神秘”是大家共同的心声，“小病拖、大病扛、重病等着见阎王”是部分群众的真实写照。多数因病致贫、因病返贫的群众消极委顿、悲观绝望，缺乏脱贫奔小康的信心和决心。奉节统筹全县医疗资源，让医生走到院坝去、把健康送到家门口，让群众小病少跑路、大病少花钱，做到身心病根“双根除”。

（1）开展“三诊联动”。实行签约医生定期“问诊”，建立巡访队伍 332 支，3146 名巡访医师对接 8415 户因病致贫家庭，制订个性化治疗方案，建立健康档案，每月入户问诊不少于 1 次；市县专家和乡镇卫生院定期到院坝集中“义诊”，免费为群众进行健康体检，提供基本医疗、基本公共卫生、健康教育、个性化健康管理等服务；村医常态“送诊”，针对行动不便或者边远山区的老年人、孕产妇和慢性病患者，村医常态化上门入户送医送药送健康、定期关怀关心。

（2）强化“六重保障”。叠加居民医保、大病补充险、民政救助、健康扶贫基金、精准脱贫保和县级医疗救助六项政策，用制度体系保障贫困群众真脱贫、稳脱贫，贫困户住院自付费用控制在 10% 以内，在全国率先推行失能人员集中供养，彻底终结“辛辛苦苦几十年，一病回到解放前”的历史。

（3）探索“一体互联”。与阿里健康、西南医院等机构深度合作，搭建以互联网为纽带、分级诊疗为核心、实体医院为支撑的网络医院平台，群众在村卫生室就可以享受三甲医院诊疗，做到小病不出村、大病县里看、重症连省院。全县组建县—乡—村三级医生巡访队伍 335 支深入村（社区）入户巡访，家庭医生签约服务达 16 万人，巡访 29 万人次。实现基本医保和大病保险贫困户全覆盖，贫困户住院自付比例低于10%，确保每一个贫困群众都看得起病、住得起院，“辛辛苦苦奔小康，得场大病全泡汤”的现象得到根本改观。

四、农技随访，产业上扶技

“脱贫致富快，全靠产业带”，脱贫攻坚，当期靠政策，长远靠产业。奉节山高坡陡、人多地少，部分群众缺技术、差能力，在传统种植模式下苦熬无希望、苦干无门路。为此，奉节县大力开展农技随访，农技专家进田间、科技特派员进院坝，解决各类农业产业技术难题，在“授之以鱼”的同时更“授之以渔”，指导农民种什么、怎么种、如何卖出好价钱，让“弱鸟也能高飞”。

（1）专家团“包片”。聘请西南大学、中国农业科学院等机构20余名专家组建“顾问团”，分片分类指导产业结构优化，在低山带发展脐橙35.5万亩，在中山带发展油橄榄、小水果各13万亩，在高山带发展中药材15万亩、有机蔬菜30万亩，改变了“守着绿水青山苦熬、抱着金山银山受穷”的局面。

（2）技术队“包村”。统筹全县农业、科技等行业资源，376名特派员每人蹲点一个村，1000名“土专家”每人带动100户，在田间地头面对面讲解、手把手示范，借力“三变”改革，培育“小规模、多品种、高品质、好价钱”的现代山地特色高效农业体系。

（3）经纪人“包销”。引进和培育农民经纪人，深入推进“接二连三”，促进产业变产品、产品变商品、商品变精品，真正让好产品打开好销路、卖出好价钱、获得好口碑，把自然天成的优质农产品通过网络卖到全国，2018年农特产品上行额达15亿元。

总之，在认真学习贯彻习近平总书记视察重庆重要讲话精神后，奉节县继续聚焦解决“两不愁三保障”突出问题，持续深化“四访”工作法，通过“四访”做精做细做实“绣花功夫”，增强群众脱贫信心、提升致富能力、找准脱贫方向，有力巩固了脱贫攻坚成效。

第三章　下足“绣花”功夫
做实“五个一”行动

习近平总书记指出：“增进民生福祉是发展的根本目的。必须多谋民生之利、多解民生之忧，在发展中补齐民生短板、促进社会公平正义，在幼有所育、学有所教、劳有所得、病有所医、老有所养、住有所居、弱有所扶上不断取得新进展，深入开展脱贫攻坚，保证全体人民在共建共享发展中有更多的获得感，不断促进人的全面发展、全体人民共同富裕。”

2019 年 4 月，重庆市政府批准奉节县退出国家扶贫开发工作重点县；2019 年 7 月，迎接贫困县退出国家抽查验收，实现零漏评、零错退、群众满意度 98.96%。奉节县秉持摘帽不摘责任、摘帽不摘帮扶、摘帽不摘政策、摘帽不摘监管。针对如何防止返贫，巩固脱贫攻坚成果，解决贫困群众脱贫的终点问题，干部要回到问题起点找答案。尤其是对贫困群众“吃的卫生习惯不好，住的环境不愿搞，忧心事情解决不了，说起挣钱就往外跑，致富门路自己难找”等老大难问题，奉节县委县政府下足“绣花”功夫，创新开展吃一顿农家饭、住一晚农家楼、干一天农家活、开一场院坝会、办一件贴心事“五个一”行动，冲刺脱贫攻坚这一世界级难题“最后 100 米”，用干部无处不在，换群众奋进自在。

一、吃一顿农家饭，全面解决“两不愁三保障”

以前的农村，因水致病、因病致贫十分普遍，饮食安全、卫生习惯让人堪忧，不洗碗、不刷牙、不换衣服、不剪指甲的“四不”现象突出。安全水、放心水是解决“两不愁”的源头，只要干部能在农家吃饭，就能倒逼饮用水源、水量、水质达标，吃得放心。奉节县坚持在“吃农家饭菜、品农耕文明”上做文章，全县 8052 名干部、3146 名医生、8364 名教师融入群众家中，弄清户情底数，摸排卫生状况，查看水质水量，感知吃穿用度，了解教育医疗，改变饮食习惯。如今，村村有活水、户户有净水，群众饮水解决了、碗洗干净了、身体变好了、精神变好了，吃农家饭提升了饮食安全，引导了贫困户的生活习惯。因地制宜建起流动幸福院，老人儿童吃饭卫生有营养、干净又方便。农村卫生习惯发生了翻天覆地的变化，进一步推动了人民群众对美好生活的向往和追求。

二、住一晚农家楼，全面改善农村人居环境

以前，一些村庄“外面像个村，进去不是村，老屋没人住，院荒杂草生”，一些贫困户房前修猪圈、屋后搭鸡棚，院坝杂物遍地、垃圾成堆，臭味弥漫，令人难受。奉节县以“清洁家园·和谐邻里”为抓手，大力开展人居环境整治，向面源污染治理、住房改造、公共服务拓展，并把住房安全作为重中之重，严守面积不超标、负债不超限，乡干部搬砖、村干部背沙，

实施易地扶贫搬迁 3.1 万人，危房改造实现动态清零。改造便民服务中心 167 个、卫生室 168 个、卫生厕所 2.67 万户，建成“垃圾兑换银行”390 个。推行美丽乡村“六整齐”(即棍棒柴草堆放整齐、衣物鞋袜叠放整齐、桌椅家居安放整齐、锅碗瓢盆摆放整齐、上墙字画张贴整齐、电路线路安装整齐)“六统一”，引导农民房前屋后栽花种树，把农房变客房、田园变公园、产区变景区、劳作变体验。农村散发着泥土与花香的乡村气息，看得见山、望得见水，记得住乡愁。

三、干一天农家活，全面实现产业增收致富

一些村庄劳动力“空心化”，土地撂荒多，农产品产量上不来，价格上不去，面临“谁来种地、在哪种地、怎么种地、种什么”等问题。奉节县把“办公室”搬进乡间田野，把教学放在田间地头，把产业建在支部上，指导群众研究土壤、品种、管护、销售等，培养造就了一支懂农业、爱农村、爱农民的“三农”工作队伍，还带动了能人进组织、大学生回家乡、企业家来创业、农民办合作社。因地制宜发展小规模、多品种、高品质、好价钱的“4+3+X”现代山地特色高效农业 80 万亩，脐橙品牌价值 182.8 亿元居全国第一，油橄榄品质全国一流，智能养蚕全球领先，培育新型农业经营主体 6000 余个、“三品一标”262 个，电商扶贫 3.5 万户，每年农产品上行超 25 亿元，实现集体经济、利益联结全覆盖，诞生综合产值“亿元村”22 个、“千万元村”106 个，实现村村有主导产业、户户有增收项目、人人有致富门路。

四、开一场院坝会，全面树立乡村文明新风

农村治理农民“缺席”、自治“缺位”、管理“错位”，父慈子孝、邻里守望、诚信重礼等乡风遗失，实施产业发展、易地扶贫搬迁等难免产生利益纠葛，这些都对农村社会管理提出了新要求。奉节县坚持走稳走好自治、法治、德治相融合的善治之路，创办33个乡镇“新时代文明实践所”和390个村“新时代文明实践站”，推进“诗词六进”，培植全民诗书情怀，深入开展好媳妇、好公婆、好村官、好村医等表彰活动，传统文化和乡村文化重放绚丽异彩。重拾“与群众同坐一条板凳”的作风，广泛开展“两回两讲两解”“四访四议”“公示公开六个一”“八到户八到人”等工作，与群众一起商定了许多致富良策，留下了许多暖心瞬间。持续深化六项专项治理，整治豪华墓，劝阻无事酒，以自治消化矛盾、法治定分止争、德治春风化雨，讲卫生、重诚信、爱名誉等新乡风文明兴起。

五、办一件贴心事，全面增强获得感、幸福感

脱贫攻坚工作是面对面、心连心、手牵手的群众工作。奉节县全体党员干部深入基层、下沉一线，了解群众心理心态心情、所思所需所感，按轻重缓急程度，逐一梳理群众最关心、最现实、最直接、最急迫的需求，主动提供家访送医、代办手续、法律援助等贴心服务1.2万件次，常态家访13.45万名学生，定期送诊送药7.14万人次，集中供养失能人员605人次，每年安排1000名在校贫困大学生社会实践。在稳定增收上做加法，提供扶贫小额信贷6.6亿元，开发公益性岗位8912个，实施技能培训5.41万人次，创建就业扶贫车间30家，转移就业5.2万人次。在基础设施上补短板，

“四好农村公路”突破1万千米，人行便道达到3000千米，改造农村电网1500千米，新建4G通信基站2170个，铺设光缆1.41万千米，困扰群众出行难、就医难、用电难、通信难的问题得到根本性解决，群众满意度跃居全市前列。

全面建成小康社会，一个也不能少；共同富裕路上，一个也不能掉队；奉节县举全县之力、汇全县之智，高质量完成脱贫攻坚任务。始终牢记人民对美好生活的向往就是我们的奋斗目标，坚持以人民为中心的发展思想，通过实施“五个一”行动，用心用情用力解决群众烦心事揪心事操心事，把党的政策原原本本送到农户家，把群众的需要认认真真落实在工作中，把脱贫致富奔小康的种子播散在希望的田野上，不断增强人民的获得感、幸福感、安全感，不断推进全县人民共同富裕。

第四章　供养“失能”释放“有能”为贫困家庭劳动力“松绑”

近年来，奉节县针对农村贫困家庭失能人员多、家庭包袱重的困局，积极探索“政府兜底保障、释放劳动能力、助推脱贫攻坚”新途径，解决失能贫困家庭扶贫脱贫问题，取得明显成效。

一、失能人员贫困家庭脱贫成“坚中之坚”

奉节县总人口107万，地域宽广，矿产丰富，是曾经的产煤大县和移民大县，2002年被确定为国家扶贫开发重点县。2014年建档时，全县有新一轮建档贫困村135个，建卡贫困户34185户、贫困人口124425人。特别是在控制产能关闭煤矿后，全县经济基础大为削弱，贫困程度进一步加深，脱贫任务更艰巨。这种形势下，失能贫困家庭脱贫成为脱贫攻坚中的“坚中之坚，难上之难”。

2015年11月以来，奉节县通过全覆盖、网格化、地毯式入户走访，摸排出失能贫困人员 948 户 1013 人，因残致贫比例超 51%，因病致贫比例为 12.3%。这些家庭，为了照顾家中生活不能自理的失能人员，正常劳动力被“捆绑”，无法就业创业；加之大部分失能人员需要长期治疗，医疗费用居高不下，使家庭背上沉重的债务，导致居住条件简陋，环境“脏、乱、差”严重，“等、靠、要”思想固化，脱贫信心不足，陷入绝望边缘。这样一来，失能人员贫困家庭不论是精神上、精力上、经济上都受到了严重束缚，造成了“一人失能，全家被困”的局面，脱贫难度特别大，严重影响了全县脱贫摘帽进程。破解这一难题迫在眉睫。

二、“全托管”，供养“失能”释放“有能”

（1）率先探索，健全机制。为限时确保孤残困难家庭如期脱贫，奉节县把供养“失能”释放“有能”作为一项政府兜底的民生工程和公益性事业来抓，研究出台《奉节县贫困家庭失能人员集中供养救助办法》，在全市率先对失能贫困人员实行集中供养。采取“试点先行，规范管理，财政托底，购买服务，整体带动”的方式，探索建立贫困家庭和农村五保失能人员“政府兜底保障、释放劳动能力、助推脱贫攻坚”集中供养模式，释放家庭的护理负担，有效释放贫困家庭劳动力。

（2）规范程序，设定门槛。根据全县实际，供养对象限定为农村五保户、城市“三无”人员、城乡低保对象、农村建卡贫困户等贫困家庭中的失能人员。由县民政局、县残联先从残疾、低保、五保等数据库筛选出准入人员，再由县民政局、县残联，乡镇（街道）、村社三级把关审核。采取家庭自主申报、相关部门核实、审批、集中公示四步工作程序，确定供养对象。确保每名进入人员符合集中供养条件，杜绝“错养”。

（3）统筹政策，精准帮扶。统筹整合五保、低保、社会救助、慈善捐款等资金，按 1 名失能人员 1500 元 / 月的标准，由财政统一拨付，政府兜底保障。集中供养中心联合卫健、社保、教委等部门，对于失能人员及其家庭在医疗、再就业培训、教育减免等方面提供相应帮扶政策。由集中供养中心指派专门医生定时负责失能人员身体检查和常见病处理，重大疾病由政府采取医疗救助方式进行帮扶。由供养机构为入住失能人员建立动态管理档案，负责生活费用和日常管护。

（4）动态管理，有限帮扶。为保障这项惠民措施的可持续，体现社会的公平正义，奉节县建立了追踪回访制度。对释放出的贫困家庭劳动力的务工和产业收入进行定期回访，对情况变化后不再符合集中供养救助条件的，或其家庭已脱贫且有供养能力的，该失能人员退出政府兜底保障体系，家属将其接回家或转送民办福利机构。如仍需在供养中心入住的，实行成本核算、有偿服务。

三、强措施，提升失能人员生活质量

针对失能人员行动能力、语言能力、智力水平、精神状态等不同情况，分类开展医疗、康复、护理、养老、精神抚慰全程全面服务，综合施策，精准救助。

（1）专业护理。采用政府购买社会服务的方式按照 1∶7 的比例配备，对供养人员实行专业照料，并根据不同人员的情况，科学合理地安排饮食、住宿、学习和康复训练，让失能贫困人员过上有尊严和体面的生活。

（2）体现关爱。根据摸底情况，有针对性地编制寝室和餐位，适时开展联谊活动，引导入住人员相互交流；有意识地了解各自存在的心理顾虑和当前困难，及时给予劝慰和解决；引导入住人员相互帮助，增进友谊。从而让入住的失能人员生活在集体大家庭中，交流互动、群体生活，让入住人员深深感受到社会大家庭的温暖，让他们安心生活、康复、和睦相处，尽快适应集体生活，在相互影响中培养健康的生活方式，减少社会负担。

（3）展现特长。充分发掘部分入住人员的特长，在自愿的前提下让部分入住人员为其他人员提供力所能及的无偿服务或提供文娱表演等精神服务，展现特长，提升失能人员自信心，让每个人尽量找到存在感。同时针对自身实际，开办刺绣、绘画、竹编等方面的特长培训，指导帮助失能人员从事力所能及的手艺，让失能人员最大限度拥有一技之长。

（4）德育引领。积极开展“专家讲理论、干部讲政策、群众讲故事、榜样讲经历”活动，加大对入住人员思想道德教育的力度，激发内生动力，引导入住人员树立脱贫的信心和决心，克服“等靠要”和“争访闹”的陋习，引导贫困群众不断增强摆脱贫困的勇气、勤劳致富的志气、向善向上的正气，找到家的温馨、感受到社会的关爱，让入住人员懂得感恩、崇德向善，决心以自己的身心无私奉献、回报社会。

四、养失能，松绑劳力换取“大发展”

（1）小投入换取大收益。失能人员集中供养费用为平均每人 1500 元 / 月（合 1.8 万元 / 年）。每集中供养 1 名失能人员，就能释放 2 名以上劳动力。这些挣脱了“束缚”的劳动力，就业热情极高，健壮的劳动力得到全面释放，实现正常就业，到外地务工和本地就业。保守估算，户均收入可达到政府投入的四倍以上。可实现失能人员家庭“高一格脱贫，快一步致富”。

（2）释放大潜能助创业。失能贫困人员送入集中供养中心后，失能贫困家庭成员没有后顾之忧，能充分发挥自身的技术优势、利用各项优惠政策，释放“自己脱贫自己干”的巨大潜能，促使其走出一条自主创业脱贫致富之路。

五、建机制，脱贫攻坚显成效

（1）设施建设，全覆盖。奉节县先后建成吐祥、草堂、永乐 3 所失能养护院，供养床位 460 张。县委、县政府明确要求，失能供养机构建设纳入社会福利事业“十三五”发展规划。2016 年以来，启动兴隆、草堂社会福利院新（改、扩）建，增加失能供养床位 600 张。全县失能人员供养床位达到 1000 张，贫困家庭失能人员应养尽养，实现失能供养全覆盖，彻底解决近 1000 户失能人员贫困家庭的后顾之忧。

（2）制度建设，重长效。一是建立完善退出机制。同时建立恢复自理能力退出机制，规定集中供养的失能人员通过康复治疗恢复自理能力后，由其家人接回照顾。二是建立资金筹措机制。逐步增大失能人员集中供养财政资金承担比例，整合民政社会救助及县慈善会部分资金，全力保障所需经费。三是建立慈善帮扶机制。加大宣传力度，进一步调动社会力量参与，定期组织县内优秀企业集中为贫困家庭失能人员“献爱心”。

（3）整合政策，重效益。整合卫健、社保等政策，在医疗帮扶、就业培训等方面联动帮扶。兜底供养 1 名失能人员，年成本约 1.8 万元；释放 2 个劳动力，按人均每月劳务收入 3000 元保守估算，1 年增收 7 万余元。全县开展失能人员集中供养以来，累计供养失能人员 530 余人，释放 1000 多名失能人员家庭劳动力外出务工、发展种养殖业，帮助贫困家庭实现年增收 3000 余万元，400 多户失能人员贫困家庭实现了脱贫致富。

（4）典型引领，重导向。33 岁的新民镇失能人员余国蓉，20 岁时患结核性脑膜炎，多家医院治疗无效，致使下半身瘫痪成为肢体一级残疾，并花光了家里所有的积蓄，导致家庭严重贫困。余国蓉入住永乐失能供养中心后，父母腾出精力在家精心种植荒废多年的脐橙，当年脐橙收入22000余元，又新栽种脐橙苗200多株。党和政府的关怀让余国蓉倍感温暖，也深深地触动了她的灵魂，目前她已和县红十字会签订捐赠协议，自愿在身后将眼角膜和心脏捐给需要的人。其先进事迹拍摄成扶贫微电影《感动的爱》，被广为“点赞”。又如，石岗乡厚坪村失能老人李修国，68岁，半身不遂三十余年，老伴去世二十年，肢体二级残疾，长期跟儿子共同生活。入住永乐失能供养中心后，儿子李明带着一家4口人到湖北省武汉市务工，夫妻俩月收入7000余元。因家庭稳定增收脱贫，李明已向供养中心提出申请，其父亲年底退出兜底保障，跟自己一起生活。

第五章　干部当好信贷员　志智双扶贫困户

习近平总书记强调，要把扶贫同扶志、扶智结合起来，注重调动贫困群众的积极性、主动性、创造性，注重激发贫困地区和贫困群众脱贫致富的内在活力，注重提高贫困地区和贫困群众自我发展能力。这些重要论述，为坚决打赢打好脱贫攻坚战提供了遵循、指明了方向。奉节县深度研究贫困乡村基本特征和贫困群众现实需求，以扶贫小额信贷为现实抓手，坚持问题导向、对症下药，精准滴灌、靶向治疗，有效破解了贫困群众有帮扶无手段、有产业无资金的难题，有效提振了贫困群众自主脱贫、勤劳致富的信心，有效增强了贫困群众发展产业、自我发展的能力，为高质量打赢打好脱贫攻坚战奠定了坚实基础。

一、构建三大体系，确保贷得到

着眼大多数贫困群众生产资料缺乏、耕种方式落后和农村信用体系缺失、信贷风险较高的现实，构建了配套政策、信用指标、风险防控三大体系，实现了银行敢放、贫困群众愿贷的转变。截至 2020 年 8 月，全县发放扶贫小额贷款 15670 户贫困群众 7.18 亿元，放款金额居重庆市前列。

（1）构建配套政策体系。深度研究国家、市级金融扶贫政策，先后配套出台《奉节县精准金融扶贫产品创新方案》《奉节县金融扶贫支持产业发展工作实施方案》《奉节县金融扶贫服务体系建设工作方案》《关于扶贫小额信贷工作尽职免责的通知》《关于加强扶贫小额信贷贷后管理的通知》等一系列本土化、专项性政策文件 16 个，从工作机制、工作措施、政策激励、督导考核等各方面构建了较为完整的政策体系，形成了“党委政府扶、金融机构贷、党员干部帮、贫困群众用”的良好氛围。

（2）构建信用指标体系。坚持农村信用体系与金融扶贫工作的精准对接，根据银行定量指标和社会管理定性指标确定信用等级，其中 A 级额度 5 万元，B 级额度 4 万元，C 级额度 3 万元。每年评选 3000 户信用示范户、30 个信用示范村，对征信好的贫困群众实施“梯度增信”，逐年上浮 20% 授信额度；对没有出现失信的村，给予 50~100 万元项目资金奖励；对违约不按时还款的村整体下调贷款额度，对失信贫困群众家庭成员进行捆绑诚信惩戒，确保信用还款。

（3）构建风险防控体系。县上设立扶贫小额信贷风险补偿基金，为贫困群众购买人身意外伤害保险、政策性农业灾害保险，形成了政银联动、保险跟进、补偿基金等风险缓释机制。在借款合同中明确贷款资金用途，划出了户贷、户用、户还、严禁冒名借款、严禁违规用款的“三户两严禁”红线。加强贫困群众家庭状况、信用评级、贷款用途等贷前信息审查，建立贷后定期上门查看、实时跟踪调查、提前预警风险等监督管理机制，最大程度保障资金安全效益。

二、优化三大流程，确保放得快

着眼农村山高坡陡、贫困人口分散，走村串户难度大、调查情况成本高、收集信息效率低的现实，切实优化信息调查、评级授信、放贷审批流程，确保受益群众准确、放贷程序简捷。

（1）优化信息调查流程。坚持精准识别、因户施策、宜贷则贷三项基本原则，每村成立由乡镇包村领导、驻村工作队长、村“两委”负责人、帮扶责任人、科技特派员和承贷银行工作人员，组建“6+1”村级调查管理团队，实行“一站式”上门服务，共同对贫困群众申贷资格进行调查，逐户核实产业规划合规性、申请贷款额度合理性等情况，切实做到申贷业务环节均到村到户到现场办理，确保信息采集“只跑一次”“一表打尽”。

（2）优化评级授信流程。坚持“穷可贷、富可贷、不守诚信不可贷”的原则，采取批量调查的方式，以有劳动能力、有脱贫愿望、有致富项目，无不良习气、无信用污点“三有两无”标准定性信用等级，承贷银行对授信审查部门、前台业务部门分别提出“一次性完成”的要求，即一次性书面下发审查意见、一次性补充资料到位。同时，灵活采用全面受理、集中授信等审核处理方式，既降低金融机构贷款风险，又缩短了授信业务流程。

（3）优化放贷审批流程。县金融服务中心、县扶贫办和承贷银行共同优化贷款审批流程，从收集并签署相关贷款资料，贫困群众只需单一登记，先由调查团队指导贫困群众填写申请表、面谈表、推荐书和贷款合同“两表一书一合同”，再经村、乡镇审核后统一交县金融服务中心，后由县财政局、县扶贫办、县金融服务中心会审后将资料交承贷银行，承贷银行在 7 个工作日之内放款到户，切实减少了贫困群众往返多次跑贷款手续。

三、强化三大支撑，确保用得好

着眼贫困群众理财能力不足、自我管理能力欠缺和农村金融网点少、服务能力薄弱的现实，强化金融服务、特色产业和干部责任三大支撑，全面提高贫困群众贷款资金使用效益。从银行资金流量监管情况看，贫困群众贷款使用率达到100%，利息回收率达到100%，至今未出现一户坏账。

（1）强化金融服务支撑。县上设立金融扶贫小额信贷服务中心，设立33个乡镇金融扶贫服务站，135个村级金融扶贫服务点，构建了县、乡、村三级金融服务网络，打通农村金融服务“最后一公里”。建立县级扶贫小额信贷大数据平台，为金融系统加大扶贫小额信贷投放提供了精准指引。利用公益性岗位配备135名农村金融服务专员，落实专门机构统一管理培训，赋予宣传员、信贷员、服务员、监管员“四员合一”职能职责，让贫困群众足不出户就能拿到贷款。

（2）强化特色产业支撑。坚持以产业带动脱贫为主导的金融扶贫理念，每年每户配套2000元产业到户资金，指导贷款贫困群众围绕“4+3+X”现代特色效益产业选择项目，其中4400余户发展脐橙、油橄榄、中药材、山羊四大主导产业，1600余户发展优质粮油、生态蔬菜、精品烟叶三大优势产业，1300余户发展脆李、蚕桑等特色产业，1000余户发展农产品加工业、乡村旅游等二、三产业，户均年增收可达5000元以上，实现了主导产业100%覆盖贫困村、产业项目100%覆盖贫困户、利益联结100%覆盖贫困户。

（3）强化干部责任支撑。压实干部贷前推荐、贷中服务、贷后监管三大责任，其中建立“贫困群众有逾期贷款，帮扶干部就连带赔偿”责任绑定制度，3万元以下的逾期贷款，将承担1%的赔偿金；3万元以上的逾期贷款，将承担5%的赔偿金；对真扶贫、扶真贫却因不可抗力造成逾期贷款，经核实可予免责。强化网格化管理责任人、帮扶责任人、金融服务专员职责，要求每半月将贫困群众产业发展情况上传至县大数据平台，每季度填写贫困群众精准扶贫小额贷款项目跟踪表，确保干部全程、全面、全力做好贷款组织、服务和监管工作。

四、创新三大模式，确保能致富

着眼贫困群众选择脱贫项目难、脱贫资金无处投的现实，创新“贫困群众 + 农村电商”“贫困群众 + 集体经济”“贫困群众 + 致富能人”三大模式，使贫困群众充分融入产业发展之中，形成了稳定的利益联结机制并长期受益。

（1）“搭车”农村电商。充分放大全国网络扶贫试点县、全国电商扶贫样板县等优势，推进农村淘宝“千县万村”工程，贫困村实现电商服务站全覆盖。引导 2138 户贷款贫困群众加入电商合作社，31 个电商合作社通过发放种苗、保底回购、线上销售的方式，带动户均年增收 1 万余元。例如，白帝、兴隆等乡镇 243 户贫困群众依托白帝城和天坑地缝景区，大力发展星级农家乐，触网连线“网上村庄”，实现“产区变景区、农房变客房、产品变礼品”，户均年增收 3.5 万元。

（2）“参股”集体经济。立足集体有收益、村民有收入的目标，整合资金 1.76 亿元，推动全县 376 个村实现集体经济全覆盖，其中超过 90% 的贫困村有稳定的集体经济收入。乡镇组织引导贫困群众将贷款资金量化成股权，投入村集体经济组织，实现集体收益、入股收入“双丰收”。例如，冯坪乡百福村 20 户贷款贫困群众参股扶贫小额信贷 100 万元，发展 200 亩贝母，2018 年底既享受集体收益 6% 的保底分红，又获得 4.75% 的入股分红，户均年增收 3350 元。

（3）“托管”能人分红。鼓励支持专业合作社、致富能人“收编”地域相连、产业相近的贫困群众，并打捆贷款资金共同发展产业，每年约定分红比例，既为贫困群众带来托管分红，又为其提供就业机会。例如，龙桥乡 70 家星级农家乐为扩大经营规模，引导吸纳 190 户贫困群众入股贷款资金 950 万元，每年向贫困群众按贷款资金的 6% 保底分红。同时，在旺季优先对入股贫困群众用工和优先购买其农特产品，带动户均年增收 5200 元。

奉节县通过加强扶贫小额信贷管理工作，充分发挥其“短期助贫困群众破局、开路，最终促贫困群众脱贫、致富”的重要作用，为高质量打赢打好脱贫攻坚战提供充足的“弹药”支撑。

第六章　电商扶贫让绿水青山变金山银山

奉节县地处秦巴山区集中连片贫困地区，属国家扶贫开发重点县，面对祖祖辈辈挥之不去的贫困，自尊自强的奉节人奋发图强，坚决打好脱贫奔小康这场硬仗，深刻践行“绿水青山就是金山银山”的理念，在阿里巴巴集团等大力支持下，借电商促扶贫、互联网减贫的东风，走出了一条“靠山吃山、靠水吃水、靠天吃空气”的新路。

一、改变——电商扶贫新动力

奉节资源富裕，但群众不富裕，电商扶贫为绿色发展、脱贫致富注入了新动力。

拥有丰富优质的农特产品资源。全县围绕“一户一个标准园、一人一亩高效田”的目标，布局“4+3+X”特色产业，发展35.5万亩脐橙、13万亩油橄榄、30万亩蔬菜、10万亩蚕桑、15万亩中药材、10万亩小水果，让80万农民拥有100余万亩产业80余类农特产品，总体形成“七分果、两分菜、一分药”的产业格局，是全国优质农产品基地大县。

面临“增产不增收”的瓶颈制约。奉节属秦巴山区连片贫困区域，交通基础设施差，物流成本高，信息闭塞，农产品难以形成商品，小产品难以对接大市场，农产品销售困难导致农民增产不增收，加上奉节工业比不上沿海、农业比不上平原，如何解决这些困惑和制约，必须另辟蹊径。

踏上电商扶贫的发展新路。2014 年起，中央一号文件连年对农村电商进行部署，2016 年中共中央网络安全和信息化委员会办公室、国家发展和改革委员会、国务院扶贫开发领导小组办公室联合出台了《网络扶贫行动计划》。奉节县抢抓机遇，积极与阿里巴巴集团对接，推进农村淘宝“千县万村”工程，搭上阿里巴巴这艘快船，建起农产品对接大市场的桥梁和纽带，从容走上了电商脱贫之路，给农民带来了致富希望，给农业带来转型希望，给农村带来了振兴希望。

二、蝶变——电商扶贫新形象

阿里巴巴农村淘宝是一项帮助农村突破信息和物流瓶颈，带动农民增收致富的民生工程。奉节与阿里巴巴合作，借助村淘，争创一流，电商扶贫塑造了奉节发展新形象。

创下了奉节速度。与阿里巴巴合作，从初次接洽到开业，仅两个月时间。其间，奉节完成了全县 60 个村淘选点，合伙人招募培训，特色馆装修布展等工作，这个速度被阿里巴巴誉为“奉节速度”。

树立了奉节标杆。奉节村淘开业创下四个全国第一：首批开业村点全国最多——60 个；到村物流线路里程全国最长——1386 千米，目前已达 4800 千米；开业总交易额全国最多——1210 万元；开业单个村点交易额全国第一——257 万元。

打造了奉节样板。打造村淘文化样板，引导村淘合伙人做创业开路人、致富带头人、诚实守信人、邻里和谐人，形成独特的村淘文化；打造村淘合伙人样板，培育村淘合伙人成为村民联系的纽带，有的免费为村里老人理发，有的提供设备供留守儿童与外出务工父母视频通话；打造电商活动样板，成立电商夜校，定期组织电商活动，开办电商沙龙，承办淘宝大学"领路人"高级研修班第六期，全国各地30多位县委书记、县长到奉节培训。

提升了奉节影响。随着农村淘宝蓬勃发展，奉节电商先后被中央电视台、《人民日报》、《农民日报》、凤凰网等媒体报道转载100余次。时任中央政治局委员、中央书记处书记、中宣部部长刘奇葆视察奉节农村淘宝，对奉节电商给予充分肯定，其他省、市、县100多批次到奉节学习考察，奉节先后被评为全国农村电商最具发展活力和最具影响力县域。

三、推动——电商扶贫新业态

农产品上行是改变农村业态、促进农业发展、实现农民增收最有效的手段。奉节在做好工业品下行的同时，全力冲刺农产品上行。年度工业品下乡交易额1.75亿元，直接为3.5万户贫困户节支2000万元以上，网销农产品突破4.5亿元，带动贫困家庭户均增收6000元以上，位列中西部区县第一。

坚持以大平台构建电商大生态。以阿里巴巴农村淘宝为龙头，引进其他平台，形成"1+4"的电商生态体系。"1"即阿里巴巴农村淘宝，"4"即引进重庆猪八戒网为服务商，引进杰夫电商为运营商，引进甲骨文科技有限公司作农产品溯源，引进菜鸟物流打通县乡村三级物流。

坚持以大孵化促进网商大发展。实施免费电商培训50余期，培训

3000余人次。比如草堂镇竹坪村蔡茂林，通过电商合作社带动102户贫困户养殖土鸡，带动贫困户年均增收8000元。全县1.2万户贫困户通过电商实现脱贫致富。

坚持以大节会打造上行大爆点。利用“双11”“年货节”等消费节点，通过聚划算、淘抢购等网销平台，推出“网购农产品送白帝城和天坑地缝景区门票”“网络脐橙节”等促销活动，销售高峰期每天销售奉节脐橙1万余单，帮助果农实现增收5000余万元，奉节脐橙价格每斤上扬1.5元，带动腊肉、香肠、蜂蜜等其他农特产品销往全国各地。

坚持以大奖扶做靓区域大品牌。为保障网销农产品品质，2016年开始，政府每年拿出1000万元资金，以网店信用体系评分和销量为依据进行奖励，确保网销农产品品质和口碑，实现了从产品到商品、从商品到精品、从精品到极品的转变。奉节脐橙被评为中国农产品区域公共品牌网络声誉50强，位列第17名。

四、愿景——电商扶贫新引擎

立足新的起点，着眼长远发展，奉节正着力纵深推进电商扶贫，建设科技强县、质量强县、网络强县和数字奉节、智慧奉节，努力走出一条高质量脱贫致富、全面小康之路。

全力建设大数据中心。坚持大数据支撑精准扶贫、社会治理，整合资源、激活要素，连通城乡、一体发展，构建以户为单元、以机关单位企业为模块、以地理空间为载体的三大数据资源库，搭建政务共享、信息惠民、信用建设、社会治理四大应用平台，以大数据引领经济转型升级、提升政府治理能力、服务社会广大民生，加快实现“人在干、数在转、云在算”。

全力争创网络扶贫示范县。2016年底，奉节被中共中央网络安全和信息化委员会办公室、国家发展和改革委员会、国务院扶贫开发领导小组办公室确定为全国网络扶贫试点县之一。以此为契机，全面实施网络覆盖工程、农村电商工程、网络扶智工程、信息服务工程、网络公益工程，从网络设施、移动终端、信息内容、电商平台、公共服务等方面系统部署、同步推进，力争三年时间成功创建为网络扶贫示范县。

全力争取阿里巴巴大平台资源。奉节县在引进农村淘宝、菜鸟物流、阿里健康的基础上，积极争取阿里巴巴更多有利资源，尤其是对接产品上行、农村产业发展旺农贷金融、阿里旅行去哪儿、1688 产业带平台等资源。力争未来三年，孵化各类网商 5000 家，打造 5000 平方米电商产业园，建立 3 至 5 个淘宝村，充分整合网商力量，发挥电商人才的集聚效应，农产品上行突破 10 亿元，全面带动广大贫困户增产增效、就业增收、脱贫致富。

全力推动智能化创新。围绕质量变革、效率变革、动力变革，抢占“智”高点，加快智能化改造、发展智能产业、推进智能化进程，推动技术进步和改进全要素生产率，让传统产业实现智能化升级，促进经济发展质量和效益双提升。

第七章　大力发展村级集体经济　为乡村振兴注入活力

党的十九大以来，奉节县委、县政府高度重视村级集体经济发展，以“村集体有支柱产业、村组织有凝聚力、村民有稳定收益”为目标，推动村集体经济“破茧成蝶”，为乡村振兴注入动力活力。在全市率先对集体经济组织登记注册，统筹资金 1.66 亿元发展村级集体经济，为 356 个村每村落实资金 40 万元、20 个村每村落实资金 100 万元，村级集体经济实现全覆盖。全县 376 个村中，116 个村盈利达 3 万元以上。

一、坚持实践与探索“并举”，扎实做好三件事情

（1）夯实基础“建平台”。为充分保障集体经济有力有序发展，奉节县成立由县长任组长、分管副县长任副组长，县农委、发展改革委、财政、水利、扶贫等 13 个部门为成员的领导小组。出台《奉节县发展壮大集体经济工作方案》。组建村股份经济合作社，对应成立实体公司，逐步推进

村民委员会事务与集体经济事务分离。通过“外引内育”的方式，把“懂经营、会管理”的人才向村集体经济组织聚集，同步开展专业培训，把村集体经济组织做实。

（2）整合资金“注活力”。加大政策支撑、项目支持、产业扶持力度，统筹整合资金，持续2年每村投入不少于20万元专项扶持村集体经济发展。按照“4+3+X”产业规划，选准选好产业项目，每年落实不少于3000万元的农业项目财政补助资金实行股权化改革，按企业、集体经济组织、农户（贫困户）5∶1∶4的比例持股。投入到村级的50万以内的农业基础设施项目，优先由集体经济组织承建，各级财政对“三农”投入形成的资产，由村集体经济组织管护使用。

（3）创新模式“铺路子”。因地制宜探索村级集体经济发展模式。在脐橙、蔬菜、中药材等产区购买农业服务设施设备，组建专业化服务队，探索服务创收型集体经济发展模式；在城郊、镇郊通过新建、改建、购置不动产等方式，开展物业租赁，探索租赁经营型集体经济发展模式；在乡村旅游资源富集区域，发展民宿、农家乐等，探索资源开发型集体经济发展模式；盘活果园、茶厂、酒厂等集体资产，探索资产经营型集体经济发展模式；探索股权市场化，通过集体资金、资源入股等方式，形成“保底分红＋利润分红”的股份带动型集体经济发展模式。

二、坚持发展与规范“同步”，重点解决三个问题

（1）“合法性”问题。由县政府统筹协调，授权县农委对村股份经济合作社登记注册，解决村集体经济组织有法律地位而无法人地位的问题，让村集体经济组织作为完整的市场主体参与市场竞争。建立健全农村集体经济发展制度体系，禁止任何组织或个人侵占集体资产，引导村集体

经济组织依法开展经济活动。

（2）“规范性”问题。完善村股份经济合作社章程，出台村集体资产管理、财务、审计、分配等制度，做到有章可循。加强“三资”清理，建立台账，确保村集体“三资”“管得住、用得活、有效益”。按3年一轮审的要求，搞好村干部经济责任审计，强化结果运用，对违规违纪问题移交纪检监察机关，做到有案必查，违法必究，杜绝管理缺失、贪污腐败等问题发生。

（3）“公平性”问题。农村集体产权制度改革、集体经济发展、集体经济组织成员身份及股份份额确认等具体标准和办法，均由村民公开议定，确保产权归属、产权管理公开公平公正。严格执行“四议两公开”原则，注重过程公开，接受社会监督，提高集体经济财务收支的透明度。整合国家财政补贴、担保贷款等政策，让集体经济组织和其他市场主体一样，同等享受贷款贴息、项目开发、政府补助等政策，实现行政村集体经济“全覆盖”。

三、坚持改革与创新“齐抓”，初步达到三个效果

（1）服务产业效益初显。在特色产业优势明显的村级集体经济发展区域，丰富农产品储存、运输设施设备及农机服务等项目，壮大产业规模，延伸产业链条。

案例：奉节县安坪镇三沱村2017年组建120人的脐橙专业化服务团，利用无人机、自动检测仪等，开展统一播种、统一施肥、统一灌溉、统一喷洒、统一采摘的“五统”专业化服务，在提高劳动效率和生产力的同时，为全镇果农节省生产成本430余万元；并在云阳、开州和湖北秭归等地区承接设备外租、务工服务、技术指导等业务，3个月获得村集体经济净收

益 4.8 万元。

（2）精准扶贫成效初显。通过发展壮大村集体经济，增加农村基础设施投入，改善生产生活条件，积累村集体资产。打造一批有特色、有效益、有规模的产业示范点，引导贫困户自主发展增收产业。培育股份农民，建立起以贫困户为核心、以集体经济收益为关键的精准脱贫利益联结机制，让贫困户共享集体经济发展成果，进一步拓宽贫困户的增收渠道。

案例：奉节县龙桥乡将 3 个村的集体经济组织统筹整合起来，成立集体经济联合体入股奉节县鑫桥农业开发有限公司开展共同经营，实行村集体收益按股分红。同时，通过龙头企业“无形股份”+ 生产收益、优先聘用 + 产业补助、订单农业 + 示范带动“三模式”，辐射兴隆、长安等乡镇 1300 余户建卡贫困户签订“户企合作”协议，实现“一户一业”100%，利益联结贫困户 100%，贫困户年均稳定增收 8000 元以上。

（3）乡村治理效果初显。在壮大村集体经济过程中，充分发挥基层党建“政治引领”、基层组织“典型引领”、基层党员“先锋引领”和基层治理“创新引领”的作用，建立健全村规民约，加强村民自我管理、自我教育、自我服务、自我约束，形成自治、法治、德治相结合的乡村治理体系。

案例：奉节县青龙镇大窝社区、鹤峰乡莲花社区股份经济合作社通过发展集体经济，按股份经济合作社章程将收益分红到户到人，分红金额在固定比例的基础上与履行村规民约义务直接挂钩。村支两委充分调动群众的积极性，迅速成立管水管电管路等自治组织，群众主动参与保护集体经济资产，自觉遵守村规民约，民风进一步好转，社会治理更加有效。通过壮大村集体经济实力，增强了集体经济组织的凝聚力和号召力，群众获得感和幸福感更加充实、更有保障。

第八章　“党建扶贫”打造扶贫红色引擎

基层党建好不好，关键在于一个“实”字。“党建扶贫”，关键在于发挥好党建对扶贫工作的引领作用。奉节县以“党建+”为载体，全面激活党建活力，以人才培养、组织建设为重点，深度融合产业发展、电子商务、执纪问责等，打造脱贫攻坚“红色引擎”，积极探索党建引领脱贫奔小康的新路子。

一、“党建+人才”聚贤扶贫干部

一是选派优秀党员干部。35名市管领导任乡镇指挥长，31个驻乡工作队、376支驻村工作队全脱产开展驻乡驻村工作，8052名干部每月进村入户开展结对帮扶。二是配齐配强基层组织。回引本地大中专毕业生回乡创业，372名本土人才常态化在村挂职。采取“找”“引”“派”相结合的方式，配齐配强376个村级班子。三是培养重用扶贫队伍。将扶贫工作纳入干部提拔考核内容，优先提拔任用群众满意度高、工作突出的扶贫队长 89 人。建立县、乡、村扶贫干部人才储备信息库，储备后备干部 174 人。

二、“党建 + 强基”聚集扶贫服务

一是整顿松软弱散“带后进”。加大人财物投入力度，整顿转化后进党组织 47 个，2015 年以来，财政投入 2341.5 万元，提档升级 127 个村便民服务中心。围绕“三峡之巅·党员争先”品牌，探索建立党员定职责、积分管理、评星定级。二是强化模范引领“树标杆”。注重抓示范、抓典型，树榜样、树模范，以党建示范引领脱贫示范，集中打造“2 乡 6 村”示范，各乡镇分别打造示范，实行双月评比排名，激发各基层组织“比学赶超”。三是规范乡村管理“树新风”。依托“新时代讲习所”，700 余名县管领导开展回乡回访、讲政策讲变化、解民怨解难题活动。推行村（居）委员会 + 理事会 + 监委会“三会”自治，完善村规民约，引导建立群众自治协会，组织诚信家庭、孝心儿媳、星级文明户、新乡贤等评选，深化整治“无事酒”“豪华墓”等陋习，培育良好乡风民俗。

三、“党建 + 产业”聚合扶贫资源

一是“企业党支部 + 基地 + 贫困户”。引导企业支部依托自身资源，建立产业基地助农增收。如重庆市汀来绿色食品开发有限公司党支部采取“产前投入、产中技术指导、产后合同价回收”的方式，带动 300 余户贫困户种植香菇、大头菜等蔬菜，实现户均增收 8000 元以上。二是“党小组 + 骨干产业 + 贫困户”。突出抓实主导产业，坚持将党小组建在产业

链上，创新利益链接方式。如奉节县铁佛脐橙种植股份合作社支部建立生产管理、技术指导、产业扶贫、产品营销4个党小组，带动60户贫困户户均增收1200元。三是“党员+订单农业+贫困户”。鼓励48名党员致富带头人在村创业，其中龙桥土家族乡瑞丰社区支书采取“订单农业”模式，带动120余户贫困户种植蔬菜户均增收3000元。

四、“党建+电商”聚焦扶贫创新

一是政府搭台，电商唱戏。实行县委书记、县长齐抓，乡镇党委书记主抓电商责任制，发展电子商务企业105家，各类网店1800余家，淘宝店C店1600余家，微商突破1万家。二是支部牵线，户企联姻。将电商作为党建考核重要内容，乡镇党委书记全面履行“第一责任”，村（社区）支部书记具体负责，引进培养电商人才，390个村（社区）全覆盖建立电商服务站点，其中竹园镇义和村开办“山里二娃子”网店，带动1200余户贫困户养殖生猪、加工腊肉，连续5年位居重庆地区同类目销售第一名。

五、“党建+执纪”聚力扶贫问责

一是“三大平台”，听民意解民难。中国奉节网、“家在奉节”App和奉节手机台开设网络问政监督平台“民生之声”，开通便民服务监督热线电话，受理群众求助投诉、举报、咨询、建议，严格规定办理时限，倒逼问题解决。仅2019年，共收到群众问政事项7295件，办结6301件，回访满意率达97.59%。二是“四种督察”，强问责抓落实。督察考核组、驻村管理组、执纪问责组协调联动，采取综合督察、业务督导、领导暗访、交叉检查（专项检查）相结合的方式，对 22 个重点职能部门和 31 个乡镇（街道）开展扶贫督察，每两个月开展“双月督战”排名，前五位授予流动红旗，后五位给予黄牌警告。三是“六个公开”，促公正助公平。探索推进“六个一”公开方式，通过一封公开信、一个公开栏、一份便民服务手册、一张监督举报卡、一套自办广播和一个微信群，全面公开基层事务、惠民政策等，扼住“小微权力”黑手，使群众办事有指南、民主监督有依据。

习近平总书记指出：“要把扶贫开发同基层组织建设有机结合起来，真正把基层党组织建设成带领群众脱贫致富的坚强战斗堡垒。”从习近平总书记的重要论断出发，奉节牢固树立“围绕扶贫抓党建，抓好党建促扶贫，检验党建看脱贫”的理念，抓班子、强队伍，树导向、增活力，抓到点上、落到实处，充分发挥基层党组织的战斗堡垒作用和党员的先锋模范作用，为打赢脱贫攻坚战提供了坚强有力的保证。这正是奉节的扶贫工作能够攻坚克难、取得成功的根本原因所在。精准扶贫的“奉节样板”，为接续扎实推进乡村振兴战略提供了操作性强、可以复制推广的宝贵经验。

第九章　山乡巨变

——深度贫困乡平安乡脱贫经验启示

奉节县平安乡地处秦巴山集中连片特困区，是重庆市18个深度贫困乡镇之一。平安乡位于奉节县西北角，地处奉节、巫溪、云阳三县交界处，东临巫溪县古路镇，南接奉节县竹园镇，西与云阳县上坝乡毗邻，北与巫溪县文峰镇接壤，全乡面积126.98平方千米，辖11个村1个社区，总人口21160人，距县城90千米，车程1.5小时。平安乡境内海拔540米~1618米，属亚热带暖湿东南季风气候，四季分明，森林覆盖率达66.8%，空气质量优。旅游资源丰富，45里平安槽两面乳峰连绵起伏，层峦叠嶂，地下阴河惊险神秘，众多溶洞、石林浑然天成，素有“一槽二梁三面坡，中间隔着梅溪河”的地貌概述。全乡土地资源平整肥沃，高山蔬菜、山羊养殖等特色效益农业前景较好，“豆腐柴”被央视多次报道。乡土人文厚重，平安人民勤劳淳朴、自强不息，平安乡曾是川东游击队战斗遗址，咏梧村因纪念革命烈士彭咏梧而得名。由于平安乡区位不占优势，交通不便，基础设施落后，无产业支撑，经济机会缺乏等多重不利因素叠加，脱贫攻坚任务艰巨，全乡共有贫困村6个，建卡贫困户676户2700人，贫困人口多，贫困程度深，贫困覆盖面广。

2017年6月23日，习近平总书记在山西太原市主持召开深度贫困地区脱贫攻坚座谈会。座谈会上，习近平总书记准确研判了深度贫困地区脱贫攻坚的现状、难点和任务距离，高屋建瓴地提出了加快推进深度贫困地区脱贫攻坚的8条要求。重庆市奉节县作为脱贫攻坚的战场之一，面临着深度贫困地区的艰巨脱贫任务，学习贯彻习近平总书记在深度贫困地区脱贫攻坚座谈会上的重要讲话精神，举全力攻克贫中之贫、困中之困、坚中之坚，确保深度贫困地区、贫困群众同全国人民一道进入全面小康社会。2017年8月重庆市委市政府把平安乡列为全市深度贫困乡镇，市政府办公厅扶贫集团对口帮扶，深度发力解深贫，着力加强基础设施建设，改善生产生活条件，调整产业结构，落实各项扶贫惠民利民政策，在市政府帮扶集团的关心支持下、县委县政府的正确领导下，平安乡全体党员干部和人民群众共同努力，艰苦奋斗，平安乡发生了翻天覆地的变化，脱贫攻坚工作成效显著，打造了深度贫困乡脱贫攻坚样板。

一、坚持高位推动，攻坚力量全汇聚

（1）加强组织领导。自2017年8月起，原市长张国清亲自联系平安乡，2018年3月市长唐良智定点包干平安乡脱贫攻坚工作，构建了市长任指挥长、市政府秘书长任常务副指挥长、县委书记和县长任副指挥长的脱贫攻坚指挥体系。唐良智市长亲赴平安乡调研脱贫攻坚工作并作出重要指示，副市长李明清、潘毅琴到平安乡开展蹲点调研和专题调研，为平安乡的脱贫攻坚工作把脉导航、加油鼓劲。市政府党组成员、秘书长、常务副指挥长欧顺清全面参与平安乡脱贫攻坚工作，积极协调市级部门解决平安乡饮水、用地等攻坚难题。

（2）加强统筹协调。奉节县委、县政府坚定贯彻落实市委、市政府脱贫攻坚决策部署，将脱贫攻坚作为“头等大事、首要政治任务、最大民生工程、重大发展机遇、重要治理平台”来抓，充分发挥“市级统筹、县级协调、乡级实施、村级配合”的领导作用和特殊优势，坚持精准扶贫精准脱贫基本方略，落实好“两不愁三保障”要求，切实做到“六个精准”“五个一批”，全力攻克坚中之坚、贫中之贫、困中之困，努力推动平安乡高一格脱贫、快一步致富。县委、县政府主要领导坚持月调研、旬调度，相关县领导蹲点平安乡攻坚；县级相关部门在平安乡设立工作站，做好“上门服务”；整合市、县、乡、村四级攻坚力量，成立指挥部办公室，全乡设立 12 个村级指挥所。形成了在岗位、在现场、在状态的攻坚态势和专项扶贫、行业扶贫、社会扶贫互为补充的大扶贫格局。

（3）加强集团帮扶。市级相关部门主动作为、倾情帮扶，落实帮扶项目 80 多个，帮扶到位项目资金共计 3.35 亿元。驻乡工作队先后协调市国土局、市国资委等部门，共争取资金 1300 余万元用于改（扩）建、新建村公共服务中心，解决饮水难、就医难、加油难等民生问题。金科地产集团股份有限公司、重庆市环卫集团有限公司、重庆市农投集团有限公司等爱心企业先后为平安乡捐赠 3200 余万元，用于人居环境改善、环卫设施配备、开展支部共建、支持产业发展。驻乡工作队和第一书记坚持吃、住、干在乡在村，截至目前，平均每月驻乡 23 天，共入户走访 5542 户、开展调研 917 次、召开工作会议 559 次、解决问题 156 件。

二、突出精准指导，基础工作全筑牢

（1）精准识别，杜绝错评漏评。建立“一网覆盖、责任到人、任务明确、一包到底”网格化管理体系，由乡党政主要负责人任总网格长，联系村领导任村级网格长，第一书记、乡驻村联系干部、驻村工作队、村五职干部任网格管理员的网格体系，形成了横向到边、纵向到人的管理体系，通过“回头看”全面收集群众户情信息。全面开展“七查七到位”精准大排查，召开院坝会100余场次、工作会议28次，走访6195户，重点排查因病、因灾对象。开展“夏秋百日会战”“决战脱贫总攻”，组织全县60名扶贫业务骨干会同乡村两级140余名干部全覆盖入户走访排查，研究解决问题238个，对疑似12户收集佐证材料、集中研判，符合条件的纳入贫困户，不符合的提供佐证资料，确保扶贫对象更精准。

（2）精准施策，确保落地落实。大力改善中心小学、附属幼儿园、村级教学点教育设施条件，开展“家校共育”行动，开展教师家访2200余人次，送教上门140余人次；由市政府办公厅帮扶集团筹集设立“平安扶贫助学资金”298万元，用于资助特殊困难家庭子女入学。全乡无一名适龄学生因贫辍学、失学。完成12个村（社区）卫生室规范化改扩建，全面实行分级诊疗制度，扎实开展乡村级医生定期巡访、送医上门和免费义诊。构建健康扶贫新农合、医疗保险、大病保险、民政医疗救助救济、商保大病补充险、专项资金救助“五张网＋县级救助”体系，全乡建卡贫困户患者县内、县外住院平均自付比例控制在10%、20%以内，着力解决了群众“因病致贫、因病返贫”问题，为贫困户织密健康保障网络。用好用活“两免一贴”5万元以下扶贫小额信贷，帮助364户建卡贫困户申请扶贫小额贷款1263万元，同步推出人保财险创新试点工作，量身定制“产业精准脱贫保险”项目，为502户平安乡建卡贫困户提供

753 万元产业发展风险保障，促进扶贫产业由“输血式”生存向“造血式”发展转变。

（3）精准退出，严把程序标准。在精准上下功夫，变“大水漫灌”为“精准滴灌”，杜绝“数字脱贫”“被脱贫”，严把退出标准和程序。严格对表“三率一度”“八难八有”目标，高效运行“四个体系”，精准落实“八个到位”，深度聚焦“六个重点”，深入开展“百日攻坚”，推动高质量脱贫。2016 年脱贫的 271 户在住房、教育、医疗“三保障”方面得到不断巩固和保障；2017 年底脱贫 65 户 276 人，户均年收入达到 9262.87 元；2018 年动态调整整户新增 22 户 79 人，个人增加 47 人，个人减少 50 人，个人回退 3 人，返贫 0 户 0 人，脱贫 175 户 620 人，2019 年减贫 51 户 138 人，未脱贫 33 户 102 人（包括返贫户 1 户 1 人），贫困发生率由 14.35% 降至 0.48%。

三、健全利益联结，产业增收全覆盖

（1）主导产业精准到村。累计发展脆李 11924.1 亩、豆腐柴 10010 亩、中药材 12630 亩、蔬菜 11073 亩，实现“四个 1 万亩”目标，户均增收 3500 元以上。培育新型农业经营主体 56 个，12 个村集体经济不断壮大，与 41 家企业实现利益联结，农户入股分红约为 32 万元，财政资金股权化年固定分红约为 140.5 万元，农业总产值约为 3.85 亿元。实现了主导产业 100% 覆盖贫困村，产业项目 100% 覆盖贫困户，利益联结 100% 覆盖贫困户，集体经济 100% 覆盖村集体“四个 100%”。

（2）增收项目精准到户。量身定制产业产品，优先考虑贫困户利益，在脆李、山羊、中蜂养殖和农家乐等产业上给予政策扶持，脆李按照 1 元 / 株标准收取苗木费，超出部分的种苗费用由县财政补贴。企业务工人员优先考虑贫困户，产业补助财政资金股权化改革分红贫困户为非贫困户的1.5倍。对全乡730户建卡贫困户实施2000元产业到户资金政策，发放产业到户扶持资金146万元，由帮扶责任人指导贫困户发展产业。对在平安乡规划区域内发展特色产业、并完成入企入社的农业新型经营主体和种、养殖户进行奖扶，实现了短期内增收和后期可持续发展。

（3）利益联结精准到人。两个全覆盖保障贫困户“稳定增收”。通过培育壮大主导产业，建立新型农业经营体系，完善新型经营体系联结模式、财产性收入联结模式、经营性收入联结模式，凸显产业覆盖贫困户100%、贫困户入企入社100%，实现贫困户有稳定增收来源。股权化改革保障贫困户“固定分红”。开展农业项目财政补助资金股权化改革，财政资金投入到农业企业的补助项目的50%作为涉及土地流转的农民和企业项目所在地集体经济组织持股。具体持股比例为，农业企业占50%；农村集体经济组织占10%，年固定分红6%；农民持股占40%，年固定分红6%（其中建卡贫困户为非贫困户的1.5倍）；分红年限一般不少于5年；最终以验收后的财政补助资金为准。集体经济保障贫困户“可持续收益”。完成全乡12个村集体经济组织登记注册，统筹整合资金1200万元，每村注入100万元发展壮大村集体经济，因地制宜探索服务创收、物业租赁、资产经营、新型产业等村级集体经济发展的不同道路和模式，实现村集体经济发展的全覆盖，确保贫困户长久可持续收益。

四、严格对标对表，项目建设全推进

新建、修缮人畜饮水、产业灌溉等水利项目139处，对所有人饮池挂牌管护，共治、共管、共享的人饮工程自治体系良性运转，实现了全乡安全饮水全覆盖。交通项目持续推进。完成通组公路140千米，和平至云阳界24千米和主公路22.39千米已完成和平至场镇油化，祖祖辈辈期盼的关门山大桥已竣工通车，结合新时代文明实践，完善路长制，设置道路管护公示牌50个。实现了村村通、组组畅、户户有便道的目标，改变了“到乡办事需借道，雨天出门粘满泥”的历史。实施农村电网改造升级项目，升级改造竹平线，新架设电力干线，农村用电更加安全稳定。新改建通信基站24个，实现网络信号全覆盖，全乡所有行政村（社区）4G网络和光纤覆盖率达到100%。12个村（社区）便民服务中心完成规范化建设，到村到户环卫设施已配齐配全。基础设施已全面提档升级，实现了供水覆盖100%、道路通达100%、电力覆盖100%、通信网络覆盖100%。建立农村生活垃圾收运处理系统，桃树、文昌、射淌、双店、和平等5村的一体化污水处理站已投入使用；持续开展农村环境综合整治，实施改厕、改厨、改圈、改环境、改习惯“五改”，完成12个村的亮化工程，安装太阳能路灯421盏，庭院灯50盏；拆除违建设施723处10.23万平方米，评选出“清洁家园”示范户352户，全乡实施“五改”3386户，人居环境大幅提升。

五、深化志智双扶，内生动力全激发

习近平总书记指出，扶贫要实现扶志、扶智相结合，实现外部帮扶和内生动力“两轮驱动”。培育贫困群众依靠自力更生实现脱贫致富意识，培养贫困群众发展生产和务工经商技能，组织、引导、支持贫困群众用自己的辛勤劳动实现脱贫致富、用人民群众的内生动力支撑脱贫攻坚。

扶贫先扶志。贫困人口要从思想上转变，不以贫困为荣，改变从前的“等、靠、要”落后观念，从封闭保守、自给自足的观念转换为开放、进取，从“要我脱贫”向“我要脱贫”“我能脱贫”“我助脱贫”转化。

奉节县平安乡多措并举，激发贫困群众内生动力。一是宣传引导树新风。组织 28 名县管干部开展“两回两讲两解”活动，召开院坝会 60 余场次、讲党课 36 场次、走访农户 320 余户，化解疑难问题 30 余件。组织农村党员成立 12 个工作组，通过入户大下访工作，召开群众夜会和院坝会，收集群众的问题和困难 795 条并建立台账，按照定领导、定单位、定人员、定时间“四定”和包调处、包跟踪、包回馈“三包”办法，群众困难得到逐一解决。印发脱贫攻坚政策问答、住房“五改”等宣传单 6 万余份，起到较好的宣传效果。二是典型示范增动力。树立道德模范 5 名，评选脱贫典型 6 名。整合县广播电视台、夔门报社和指挥部办公室宣传组人员力量，成立“宣传队”，深度挖掘和广泛宣传喻德斌、朱学兵等知恩感恩、自力更生、勤劳致富的先进典型，提高群众认识，树立正确导向，凝聚、形成正能量。通过制定《乡风文明建设示范方案》，调整成立乡村两级人员调解委员会。通过大力解决农村“空心化”问题，引导 200 余名外出务工人员返乡创业，参与基础设施建设、发展特色产业，不断激发内生动力，打破“等、靠、要”的痼疾，贫困群众实现了从过去争低保户、争贫困户到现在争创业、争发展的转变。

扶贫必扶智。扶贫既要富口袋，也要富脑袋，要帮助贫困群众提高文化素质、就业能力。努力提升群众自我脱贫致富的能力。平安乡以农技随访行动为核心。实施“雨露技工”等职业技能培训累计 2000 余人，对“零就业”“零转移”贫困家庭落实 273 个公益性岗位、198 个护林员岗位，帮助 470 余名有就业愿望和就业困难的人员就近就业。建立“产业协会 + 企业 + 科技特派员 + 农户”的技术服务体系，“因业施策”对贫困户开展菜单式、订单式培训 27 次，参与群众 3000 余人；联合中国人民财产保险股份有限公司、阳光保险集团股份有限公司等保险机构累计落实农业保险补助 123 万元，实现贫困户产业发展“零风险”。以教师家访为纽带，实施家校共育行动。58 名教师对 781 名学生累计开展教师家访 2200 余人次，送教上门 140 余人次，落实春季教育资助 819 名，资助金额 133.4661 万元，全乡无一学生因贫辍学。坚决阻止贫困现象代际传递。

习近平总书记指出，加快深度贫困地区脱贫攻坚，要坚持精准扶贫精准脱贫方略，坚持中央统筹、省负总责、市县抓落实的管理体制，坚持党政一把手负总责的工作责任制，坚持专项扶贫、行业扶贫、社会扶贫等多方力量、多种举措有机结合和互为支撑的“三位一体”大扶贫格局。奉节县集中力量攻坚，万众一心克难，聚焦“两不愁三保障”，精准施策，夯实脱贫“根基”；全面加强基础设施建设，实现“解八难、建八有”，全面加强产业发展，实现可持续增收。全县干部群众以破釜沉舟、背水一战的决心，以敢死拼命、冲锋陷阵的精神，全力打造践行习近平扶贫论述的平安样板，走出了一条深度贫困乡镇高质量脱贫之路。全乡生产生活条件显著改善，贫困群众获得感显著增强，其成功形成了可复制推广的宝贵经验。

如今的平安乡，绿树满山，油路已上山巅，黑瓦白墙，墙上五星红旗迎风招展，昔日的穷山恶水在脱贫攻坚中发生了天翻地覆的变化，还有一个明显的改变就是乡亲们过上好日子后文明整洁、积极向上的精神风貌和主动脱贫的内生动力得以极大提高。一幅生态美、产业兴、百姓富的动人画卷正徐徐展现。